用有限的时间

创造更大价值

时间价值

积极主动地创造

剑 飞/著

电子工业出版社
Publishing House of Electronics Industry
北京·BEIJING

内 容 简 介

一个人真正的价值，体现在他的时间价值上。如何通过有限的生命创造更大的价值，是本书想和大家探讨的问题。笔者在书中分享了自己通过10年的时间记录，所收获的时间价值心法，引导大家了解如何持续增加时间价值，如何在有限的时间里加速成长，如何用行动和时间做成事情、获得成果，如何创造可持续时间复利……本书适合每位希望增加时间价值、创造更多可能性、让生活变得更好的人士阅读。

图书在版编目（CIP）数据

时间价值：积极主动地创造 / 剑飞著. —北京：电子工业出版社，2023.6
ISBN 978-7-121-45649-7

Ⅰ. ①时… Ⅱ. ①剑… Ⅲ. ①时间－管理－通俗读物 Ⅳ. ① C935-49

中国国家版本馆 CIP 数据核字（2023）第 095047 号

责任编辑：滕亚帆　　　　特约编辑：田学清
印　　刷：中国电影出版社印刷厂
装　　订：中国电影出版社印刷厂
出版发行：电子工业出版社
　　　　　北京市海淀区万寿路 173 信箱　　　　邮编：100036
开　　本：880×1230　　1/32　　印张：9.125　　字数：240 千字
版　　次：2023 年 6 月第 1 版
印　　次：2023 年 6 月第 1 次印刷
定　　价：78.00 元

推荐语

很欣赏剑飞秉持长期主义的做事态度，以及对沉心做事的坚持。他制定时间法则，在有限的时间里把要事一一做成，获得成果。在当下，难能可贵！

书如其人。《时间价值》中，剑飞不仅告诉我们什么是时间价值，更将其拆解为行动步骤，帮助我们持续做成事，加速成长。

——周宏骐 新加坡国立大学商学院兼职教授

和剑飞认识的十多年时间里，他最大的特质就是热情、持续、深耕。这本《时间价值》是十年的实践收获，引导读者从根本上改变生活方式，获得更加充实、更加丰硕的人生体验。

——易仁永澄 幸福进化俱乐部、
个人成长教练品牌课创始人

《时间价值》所讲的，并非时间管理的技巧，而是一门人人都需要学习的关于如何使用时间的人生功课。学好这门功课，你才能最大化利用有限的生命时间，活出无限的精彩人生。

——胡奎 《语写高手》合著作者

语写记录所思所想，时间记录记下行动、事件，两种记录则见证了我的生活。做语写和时间记录的五年来，我清晰地看见自己的进步，看见时间所创造的价值。这是通过持续行动带来的收获。

亲身体验这个过程，再在剑飞老师的《时间价值》中看到他的理论总结，感触更深刻，也更期待未来的记录和收获。相信我，书中的理论方法都非常简单，重点是行动。只要持续行动，就能让你的时间增值，在长周期的维度上收获时间的复利。

——清茶 《语写高手》合著作者

剑飞老师在这本书中，讲述了如何将一件事情做透、做精、做到极致。这些做事的方法并不复杂，相反却非常简单。最关键的是用行动去做到。而时间价值，就藏在这一次次行动中。

读完这本书，相信你会对时间价值、极致行动有更深入的理解。

——小奇　《语写高手》合著作者

认识到时间的有限性并不困难，但如何把认知转化为行动，在自己的工作和生活中释放潜能，充分发挥时间价值，取得更大成果，则非易事。

剑飞老师十多年来身体力行，在时间的使用方面，通过记录、分析、整合和规划，形成了一套独特的"时间价值观"并以此指导行动，在自己的创业领域取得了巨大成绩。

《时间价值》将向你展示剑飞老师的经验可复制、可迁移，助力每一位渴望成长的伙伴收获成功。这是一本值得"读"的书，更是一本值得"做"的书！

——段一邦　《语写高手》合著作者

剑飞老师常说，三年磨一剑，五年尽一事，七年勤耕耘，十年可破圈。他不仅这么说，也是这么做的。

持之以恒地投入，坚持不懈地刻意练习，还有始终如一的热爱。这样的做法让他在做事情时都是以十年，甚至更长时间为周期，把事情从简单做到极致。

《时间价值》汇集了他的成事心法，愿你能从中获得启发，愿力加行动，收获心"享"事成。

——邓燕珊 | 珍妮 《语写高手》合著作者

"普通人可以在日常生活中通过把简单的事做到极致，完成自我跃迁"，这是剑飞老师不断传递的信念，令人印象深刻。他如是说，更如是做。作为时间领域不多的探索者，时间记录这件事，他持续做了十年。不但自己记录，还建立了相应体系，带领许多人一起记录，从《时间记录》《时间增值》到《时间价值》，剑飞老师一路狂飙。

在《时间价值》这本书里，你能看到他的行动方式和底层逻辑。如果你想提升自己的时间价值、认知能力，这本书一定不能错过。

——明韬 《语写高手》合著作者

每天10分钟做时间记录有什么用？这是我开始做时间记录时提出的问题。三年之后，当初的困惑已无须回答，时间自有答案。

每天看似不起眼的10分钟随手记录，促使我有觉知地生活，看到真实的自己，看到可优化的未来。如果你希望掌控自己的时间，规划未来的时间，这本《时间价值》将带给你行动上的指导。

——灵休　《语写高手》合著作者

剑飞老师曾说，他所说出来的远比他所做过的少很多。在跟随老师学习的过程中，感受到了这句话的力量。也更加意识到，老师的语言和文字极其珍贵，值得一次次回味。而《时间价值》这本书，便是他在一件事上沉淀打磨了十年后的提炼。用心读，都能从中收获自己的时间价值。

——樊瑞竹　《语写高手》合著作者

剑飞老师在《时间价值》一书中介绍的都是他亲自验证过的、切实可行的方法。如果你期待突破自我，落地行动，收获更多可能性，那么这本书一定会让你豁然开朗，进而开启独特的自我跃迁之旅。

——云清 《语写高手》合著作者

受《奇特的一生》的影响，剑飞老师以独特的视角和见解，向我们展示了时间的真正价值，以及如何充分利用时间获得成长。《时间价值》是一本让人重新思考生活、时间和目标的杰作。它将成为我们迈向成功之路的行动指南，激励我们充分利用时间创造最大价值。

无论你是正在追寻人生目标的年轻人，还是正在为事业努力的职场人，抑或希望提升生活质量的个体，这本书都将给你启示和指引。

——晓雅 《语写高手》合著作者

每个人一天都有同样的24小时，但未必每个人都能成为24小时的主人。记录时间、分析时间、规划时间、让时间增值，都是为了让时间发挥应有的价值。

《时间价值》这本书将告诉你如何掌控自己的时间，如何和时间做朋友，让时间助你成就大事。这本书不仅让你深入理解时间的价值，更帮你预见未来。

创造超乎想象的人生价值，如何实现？《时间价值》中，你将找到答案。阅读、实践、体验，活出最精彩的人生，就在此刻。

——小饼干 《语写高手》合著作者

时间比金钱的力量更大，我们能赚取金钱，却不能赚取时间。我们无法增加生命时间的长度，却可以让时间增值。在长远的未来，享受时间的复利。

剑飞老师在10年时间记录的基础上，探索时间价值，总结并付诸行动，开发时间统计软件，出版《时间价值》，其中许多方法在语写训练、时间记录课程中都讲过。阅读这本书，亲切之余，让我有更深的理解和感受。

——麦风玄 《语写高手》合著作者

要做好时间管理，不应着眼于当下、做好当下的事，更要着眼于未来，创造更好的生活。

《时间价值》一书中，剑飞老师将带领我们把视野从当下拉到未来，教我们如何真正发挥时间的价值，在更长的时间维度上创造自己的价值。

——蓝枫　《语写高手》合著作者

前言

　　时间是客观的、公平的，每个人的一天都是24小时，但不同的人在相同的时间里所创造的价值可能天差地远。因此，我们往往不以生命时间来衡量一个人的价值，而是看他如何使用有限的生命时间来创造更大的价值。从这个意义来说，一个人真正的价值，体现在他的时间价值上。

　　受《奇特的一生》一书中柳比歇夫的启发，我开始做时间记录。从记下自己的第一条时间数据，到现在已有约10年。时间记录如吃饭、喝水一般，已成为我生活的一部分。

　　记录时间为我带来的首先是时间的高效运用，我会积极了解并分析自己如何使用时间，合理地规划时间，更好地管理并运用时间。在此基础上，我养成了很多好习惯，持续改进自己的行为，实现了快速成长，并且不断提升时间价值。更重要的是，通过时间记录，我认识到真正的时间价值并不在于如何更高效地运用时间做更多的事情，而是用长远的眼光看待每件事，用心地把重要的事情做成，创造可持续时间复利，让人生拥有更多可能性，活出自己精彩的一生。

　　本书所写的是我在多年的时间记录中所收获的时间价值心

法，包括如何持续增加时间价值，如何在有限的时间里加速成长，如何用行动和时间做成事情、获得成果，如何创造可持续时间复利等。这些心法来自我的长期实践，因此它们并非仅供阅读，更需要践行与体验。你可以运用其中介绍的方法，制定你的时间法则，培养好习惯，解决行动中遇到的问题，建立长期视角和思维……关键是你要行动。

人的一生看上去很长，其实很短暂。或许你曾认真思考：如何让有限的时间更有价值？如何让生命更有意义？希望本书能给你带来些许启发。

剑飞

《时间记录》《时间增值》作者、

时间统计App创始人

扫描二维码
和剑飞一对一沟通

目录

第 2 章　074
在有限的时间里加速成长

第3章 156
行动让时间有产出

第 4 章　224

创造可持续时间复利

—— 时间价值 ——
如何用有限的时间
创造更大的价值

剑飞时间价值法则

01 缩短"想做"和"做"的时间差

02 动作到位，结果自来

03 创造作品，穿越时间

04 时间价值体现在真正做到

05 真正的成长是已经看到更大的世界

06 改变旧习惯的唯一方法是培养新习惯

07 数量翻倍是一种解决方案

08 决心就是你的生命力

09 目标就是用来实现的

10 行动引发行动

11 轻松前行才能走得够久

12 生活是用来践行的

13 时间会自动创造价值

14 阅读写作是创造财富的基础能力

第 1 章

持续增加时间价值

1.1 做时间的朋友

人和时间的关系很有意思。有人把时间当朋友，有人把时间当竞争对手。当你认为时间在帮助自己的时候，就觉得它是自己的朋友；当你感觉时间和自己作对的时候，就会把它当成竞争对手。那么，时间是你的朋友，还是你的竞争对手呢？

在出生前，当我们还是一个细胞时，就已经开始有了岁月的痕迹。从出生那天起，我们的生命就有了大约100年的时间。在浩瀚的宇宙面前，100年非常短，一瞬间就过去了；但对我们而言，这100年是一生，在100年之后，尘归尘，土归土。

那么，这100年时间是你的朋友还是竞争对手呢？在时间面前，所有人都太渺小了。这100年时间，你能充分利用吗？其实，能否让时间成为自己的朋友，取决于你对待时间的方式。

对一棵树来说，在100年时间内足够从种子茁壮成长为参天大树。在它的成长过程中，一定会经历风吹雨打，但它很少会被大风大雨打倒，反而会被微小的虫子蛀空。

在"大"时间面前，不要做太小的事情，不是不做小事情，而是不为小事情操心。

在浩瀚的宇宙中，你是不是要用100年时间，发挥自己的所有力量，去做一点点有意义的事情？生命中的一天，可以是普通的一天，也可以是特别的一天，可以是平淡无奇的，也可以是充满挑战的，这取决于你自己。

───────────

想象一个画面，身边有一个人和你一起前行，它就是无形的时间。你看不到它，只能感觉到它。如果你和它赛跑，跑得足够快，就会发现它在后面一直帮你，推着你跑得更快。因为这时候，你走在时间前面，很多事情都能做成。如果你走在时间后面，就会总感觉时间在和你作对，它总是跑得比你快，你还没来得及做些什么，它就只留下一个背影。

　　时间是匀速向前推进的，不会变快也不会变慢，因此它是鼎力相助还是冷眼旁观，取决于你的快慢。

　　这就像赶飞机、赶高铁。你可以回想一下当时的场景，你只有提前到达机场或高铁站，才能保证顺利出发。飞机起飞或高铁发车时间是固定的，你应该早点出发，把所有因素都考虑到，这样一般不会错过。因为你提前到达了，在等着时间到来。如果你错过了飞机或高铁，就要看看是自己和时间赛跑没跑过，还是受客观原因影响。我们在分析原因时，主观原因和客观原因都要分析，若是主观原因则要调整自身，若是客观原因则暂时还没有解决方案。

　　如果你希望自己提前抵达且准点出发的概率是100%，并且等待的时间不是很长或等待的时间不被浪费，就需要很高超的时间管理技巧。你应提前思考自己等候时能做什么，万一出现需要等待的情况，这段时间也能被充分利用起来，不会感到无聊。比如，你可以在等车的时候进行语写（语音写作），很多语写小伙伴都有这样的体验，即在机场、高铁站、汽车站等候时进行语写。

1.2　用有限的时间创造价值

1.2.1　坚定地相信时间增值

若你每天注意一下时间，就会感觉时间如流水。

在时间的维度上，人生规划属于长期践行，时间记录属于短期行动。长短期都非常重要，我们既要马上做今天就需要做的事情，也要关注长期需要做的事情。今天你就可以花10分钟记录时间花销，明确自己在做什么。

我们日常可以多花一点时间，培养受益终身的习惯。人和人之间的不同，有时候就是一个习惯，以及这个习惯持续的时间长短造成的。我们具体可以怎么做呢？

第一，每天拿出半小时，把要培养的习惯融入这段时间。

第二，设计小的行为动作，到时间就自动反应，启动动作。

第三，从长远的角度来培养习惯，把习惯融入生活。

生活中的很多事情纯粹出于习惯，因此我们要慢慢培养良好的习惯，让好习惯成为自觉行动，如阅读、写作。我们应在日常生活中培养良好的习惯，让习惯来塑造我们，而不是要求自己必须成为什么样的人。

━━━━━━━━━

时间是有限的，我们要在有限的时间内取得一定的成果。当你明白这一点后，就知道为什么有的事情一定不要做了。

你要想取得成果，一定要清楚自己的目标是什么。有的人定目标的方式是"拍脑袋"，这样做的结果往往是损失惨重；有的人在定下目标后，所做的事情却和目标没有任何关系。他每天都在忙，忙到最后却忘记了自己在忙什么。这时候一定要把自己拉回来，把注意力拉回到目标上。

如果你是一个创业者，主要目标是挣钱，这笔钱是公司在未来遇到危机时，存活下去的资金。如果你只挣到当下所需要的资金，而没能挣到以后所需要的资金，那么你的公司很可能无法持续生存。你可能每天都很忙，却不知道在忙什么，忙到最后没有取得明确的成果，公司的生存也无法保障。

一段时间专注做一件事情，人会感觉比较累。比如，集中注意力6小时，中间一般要主动休息3～5次，喝水、上洗手间、发呆等都是主动打断专注力。用足够的时间休息，做事的效率才会更高。一旦你觉得自己此时此刻走神了，就可以试着深呼吸一下，及时把注意力拉回来。

––––––––––

你是否知道自己每天在做什么？是否坚定地相信自己的时间是值钱的？是否明确地知道自己的时间价值？

用数据化思维分析，你每年能增值多少？就像房价一样，原来1000万元的房价涨到2000万元、3000万元，你是否确定自己的工资、时间价值也以某种特定的速度在增长？很多人钱亏了会心痛，时间亏了反而没有感觉，但钱可以赚回来，而时间不能。

––––––––––

如何使用时间，背后是每个人的思考方式。当你考虑长远时，就会发现眼前的困难都不是困难；当你有非常大的目标时，当下所做的事情就是达成一个个小目标，再努力达成大目标；当你有更大的梦想时，眼前的自律属于顺带实现的自律，而不是拼尽全力才能实现的自律；当你有一件非常重要的事情要做成时，关注的就不应仅是眼前的困难，还应关注未来的机会，你所能做的就是从现在开始，朝未来出发，用成功的状态做事。

我们对时间的认知会发生变化。小时候，很多人只知道大家都说时间非常重要，但时间到底多重要，其实并不清楚；长大后，我们才深刻地认识到时间的重要性。当我们错过了很多时间，吃了一些亏之后，回头一看，问自己一年8760小时（按一年365天计算）到底在干什么，才知道时间真的很重要。**当我们做事足够认真的时候，是可以感知到时间的。**

1.2.2　跨时间周期的财富

一个人的总时间不会起起伏伏，但其在一段时间里的生活节奏会有变化，尤其是当其所处的环境发生改变时。我们身处一种环境中，既可能自身受到环境的影响，也可能环境直接塑造我们。你可以不定期调整自己的生活节奏，这能让你对很多事情的思考更加透彻。

俗话说："去的地方多，见识广。"这句话的意思是，体验了各个地方的环境，感受了不同的生活节奏，便有了更多的生活经历和思考。

如果你小时候在农村生活，长大后来到城市，就能明显感受到小时候的生活节奏和现在的生活节奏不一样。在城市中，我们可能会更换居住场所或工作场所，生活节奏也会随着环境的变化而改变。

人是环境的产物。在大学毕业之前，我们所学的知识都在为今后的人生打基础。在进入社会之后，学到的大多是赖以生存的技能，这些是让人"值钱"并不断增值的部分。

———————————

一个人进行改变需要多长时间呢？差不多需要10年。不管你现在处于什么阶段、什么水平，如果向后看，那么10年大概率可以发生巨大的改变。大部分人的人生路径在小时候比较单一，年轻的时候比较多元，结婚生子后比较稳定。年轻的时候，我们应该多出去走一走。若没有见识，很多愿望都仅是想象；一旦见识广了，愿望就会变成清晰的画面，甚至可以设定具体的数据或其他可衡量的标准。那时候，你一般不会再说"我想怎样"，而是会说"我要在某个地方做什么"。

在财富值达到一定程度后，创富容易守富难。一个人的财富有时现金流充足，有时现金流紧张；有时总资产快速增加，有时总资产一跌到底。大部分有钱人是不会把自己吃穷的，但是会因投资不慎把自己亏穷。

我们在赚到很多钱之后，最好把这些钱快速变成资产，而且是穿越时间周期的资产。如果你不确定自己具备增加财富和守住财富的能力，那么可以去看看其他人是如何跨周期守住财富的。

守住财富十分有效的方法是创造作品。作品给你带来的财富是非常稳定的，例如基金、股票等投资带来的财富稳定。作品一旦产生，财富就会随之而来。如果你能不断地创造作品，那么财富值将不断提升。

成功的关键不在于现在拥有多少财富，而是如何在有限的时间里创造出无限可能。时间的总量是确定的，我们要用有限的时间，"玩"出无限的花样来，"玩"出各种各样给我们创造财富和价值的可能性。

1.3　和时间赛跑

时间是一个会下棋的老人，我们可以陪它下棋，但若想赢过它，还是很难的。我们可以加快速度来提升自身下棋的能力，却很难让时间老人出局，而它能轻易把我们赶出局。

你可以想象面前有一个棋局，时间老人坐在桌前，邀请你执子下棋。你们俩从你出生那天开始下棋，直到你离世，但棋局并未终结，其他人会接着和时间老人下棋，这盘棋会一直下下去。

换句话说，我们和时间赛跑，谁能赢？说不准。我们很难跑赢时间，百年人生在130多亿岁的宇宙面前，不过短短一瞬。但我们可以好好下棋，让自己的终局比开局好一些。

————————————

"和时间赛跑"非常重要。比如在赚钱时，我们要努力和时间赛跑。如果我们不需要和时间赛跑，一天哪怕只赚100元钱，只要生命足够长，那么在一定程度上是够花的。因为在无限的时间里，这100元钱可以增值到无限大。我们只要把每天没用完的钱，用合适的方式进行投资，就能不断增值，时间无限则增值无限。

在现实生活中，我们的时间是有限的。我们需要和时间赛跑，赚现在的100万元和赚50年后的100万元是不一样的。我们应在比较年轻的时候赚到未来30年甚至更长时间需要的生活费，再在财务安全线以上，适当地追求自己的梦想，这样通常现实一些。

一些能力比较强的人，在年轻的时候会努力赚钱，当实现财富自由之后，再去追求自己的梦想。如果财富不自由，做事情就会受到很多限制。这对大家同样适用，如果你觉得自己做事情受到了很多限制，就应想办法提高自己赚钱的速度。

这种"限制"最怕的是到年老时才发现，钱够了，身体却无法支持了。那时候想到处走走，却发现没那么方便了；想阅读或写作，却发现坐不了多长时间了。

如果你能在年富力强时发现自己的使命，并且为完成使命不懈努力，那么你是非常幸运的。如果你在生活中有一两件事情值得去做，那么不管你是三四十岁还是五六十岁，你都需要和时间赛跑。

和时间赛跑的关键是在年老之前，具备做自己想做的事情的能力。有一类人是不需要和时间赛跑的，他们知道自己这辈子要做些什么，找到了终极使命，并且成为时间的朋友。赛跑是一场比赛，因此有胜负之分。如果你已经找到了自己的使命，你的目的就不再是和谁赛跑，追求一时胜负，而是按部就班地走到终点，达成使命。

在人生规划课中，我会引导学员做"100岁"的规划。很多人可能活不到100岁，那么也可以写写自己"离世之后"会发生的事情。这是一种想象，老年人常常回想自己年轻的时候发生过什么，也可以花一点时间思考：如果我不在了，能为世界留下什么？

各个领域的佼佼者都会留下自己的作品，他们可能早已离世，但只要提起他们的名字，人们就会想起他们留下的精神财富。如果你阅读过大师们的传记，就会发现这些大师有和我们一样的烦恼，比如钱不够花、孩子吵闹等。但大师们没有只聚焦生活琐事，而是一步步向前走，从未停歇。

有些人很好地利用了自己的限制性条件。比如柳比歇夫，他想做学术研究，每天全神贯注地工作5小时，再花费几小时睡觉，剩下的时间处理生活琐事。他家经济条件不好，妻子收入不高，为了养活一家人，他不得不做兼职，还要花很多时间跑商店、排队买东西。他有很多时间做自己想做的事情吗？实际情况是，他需要花费很多时间处理生活琐事，并非仅做学术研究。他的时间利用效率很高吗？很高。他利用碎片化时间取得了很大的成果。非常重要的一点是，他26岁就确定了自己的终身目标，见缝插针地利用所有可利用的时间。

《奇特的一生》一书中有这样一句话：

> 一个人只有向自己提出远大的目标，时间统计法才能成立。

也就是说，如果你一开始就确定了100岁时要做成什么事，并且在年轻的时候为之努力，坚定地朝这个目标迈进，那么大概率会取得非凡的成就。

如果你一开始没有确定100岁时要做成的事情，时间的利用就可能飘忽不定，今天指向这里，明天指向那里。

找到终身目标并去实践，时间将会成为你的朋友。我们应永远怀抱希望，去做值得做的事情。

1.4　走在时间前面

走在时间前面是指时间还没到，我们就知道如何去做。

比如坐高铁，在出发之前，我们就已经规划好什么时候去高铁站，什么时候抵达目的地。一到时间，只要按照计划出行，我们就能顺利乘坐高铁抵达目的地。如果没有提前规划好，误点了，没能赶上高铁，就是"走在时间后面"。

人生规划就是在某个人生阶段到来之前，就规划好这一阶段，明确在这个人生阶段做哪些恰当的事情。

若你在做一件事情之前，就已经做好了准备，并且确定这件事一定能做成，就属于"走在时间前面"。在我们的生活中，有哪些"走在时间前面"的例子呢？往小了说，赶飞机，赶上了，就是走在时间前面；定下一个目标，在截止时间之前就达成了，也是走在时间前面。往大了说，在人生下个阶段到来之前，你已经做好了准备，就是走在时间前面。

我们要经常思考未来的事情。思考未来不是不注重现在，而是从未来的视角看待现在，从而更好地应对未来的挑战。当有了良好的规划以后，我们便能把现在乃至以后的时间更好地利用起来。

———————————

下面用坐高铁的例子来阐释什么是"走在时间前面"。

假设你正在去往高铁站的路上，并且提前30分钟抵达，排队安检的人不多，那么可以比较从容地进站等车。如果离发车只有10分钟，就得赶紧跑起来，争取赶上车。

高铁一般是不会等乘客的，到了发车时间就会关门出发。哪怕你就在外面，仅差几步路，只要列车门关闭，就只能乘坐下一趟列车。

坐高铁也好，搭飞机也好，以及生活中的其他重要场合，提前15分钟或者半小时抵达是最理想的。若你提前2小时抵达目的地，则感觉比较浪费时间，不过你可以利用这段时间做点能创造长期价值的事情，比如你可以通过语写，记录自己观察到的事物、萌生的想法及出行计划等。我们可以为类似的碎片化时间提前准备好可以做的事情，这样当有碎片化时间时，就有事情可做了，不会觉得浪费时间。

在去一个陌生的地方之前，我们可以提前在脑海里演练一遍，在地图上找到目的地，规划线路，计算所需时间等。

如果一件事能在真正发生之前做好准备，那么会做得比较顺利；如果人生中的所有事情都能在真正发生之前做好准备，那么人生会比较顺遂，我们也可以更好地发挥时间的价值。

1.5　制定你的时间法则

遵守一些时间法则，可以让我们更好地创造时间价值。

1.5.1　聚餐控制在两小时之内

每一次开始的时候，就知道什么时候要结束。这一点很重要，也是现代管理学之父彼得·德鲁克一直使用的法则，你可以将它作为自己的时间法则。

比如和他人一起聚餐，有时候可能不知道什么时候结束，大家在饭桌上聊天聊了很长时间。我们可以制定一个时间法则，将聚餐总时长控制在两小时之内。这样一开始就知道什么时候结束，就能规划好时间，比如12点开餐，14点前结束。如果彼此聊不来，那么两小时不算长也不算短；如果彼此聊得来，不想停下，则可以换个地方继续聊，但那就是另外两小时了。

1.5.2　今天是独立的一天

生活中有各种事情发生是很正常的，生活就是由各种各样的事情组成的。我们不应在哪天完全没有事情做，因此应该主动安排时间。

今天是独立的一天，和过去没关系，和以后也没关系。你可以把它当成普通的一天，也可以把它当成非常重要的一天。如果你能在某天做一件与众不同的事情或对你来说非常重要的事情，它就被赋予了特殊的意义，成为你生命中特别的一天。

如果你很早就做了规划，这一天要做一件重要的事，但是在安排时间的时候，又把其他事安排在了这一天，那么这一天到底做什么呢？你应该做对你来说最重要的那件事，并且争取只做对你来说最重要的那件事，专心致志地做，全力以赴地做，直到完成。专心致志的品质在很多领域都适用。

生活中会面临很多事情，如果一件事不容易做，一般会遇到一些干扰，要想发挥时间价值，就得排除万难，坚定信念，全力以赴。

1.5.3 提前规划交通时间

在做时间记录之后，我很少被堵在路上。每次出门前，我都会把行程规划好。比如开车去北京或上海，大概需要6小时，若早上6点出发，则大概中午12点可以抵达。除非路上堵车，否则我的行程时间估算较准确。当然，每个人的情况不一样，你可以通过时间统计来算出自己常规的出行时间。

一般情况下，出门的时候我会避开当地出行高峰时段，尤其是去不太熟悉的城市。在买车票或机票的时候，我们要把出发时间和抵达时间都看好，如果抵达时间刚好碰上出行高峰，则很容易遇到交通堵塞，并且堵车时间不可控。如果没有约人见面还好，若约了人，则很难准时赴约。

在《时间记录：数据反映行为，行为改变数据》一书中我提到，交通时间是没有必要的，或者说可以很少。交通时间只有在一种情况下是必要的，就是"出去玩"。在出去玩的时候，我们可以自己安排交通时间。我们尽量不要陷入一种情况，就是不得不在某个特定时间抵达某个地方，应尽量把交通时间减到最少。

如果你是某领域的专业人士，那么在一个人非常需要你的时候，即使距离很远，他也会来见你，前提是你足够专业。

我们在估算交通时间的时候，不能将车程作为依据。因为车程相同而目的地不同，花费的时间差别可能很大。比如两地之间的距离是10千米，一般开车需要花费20分钟，但实际上花费的时间不一定是20分钟，取车、路上堵车、找停车场停车等花费的时间都不可控，最后可能30分钟甚至1小时都到不了。我们最好用可控的方式估算交通时间，比如步行、骑自行车、骑电动车等。

1.5.4　让时间均匀分布

如果你感觉自己忙不过来，不是你没时间，而是你可能把很多事情放在一天来做了。

人生规划是人生好几年进行动态调整的过程。如果你将原本要好长时间才能完成的事情安排在一天，就会感到喘不过气来，难度很大，几乎不可能完成。

比如，你在某年元旦那天制订了一个计划：一年读100本书。也就是说，这一年平均3天读一本书，坚持下来能够完成。如果你在前面11个月一本书都没读，要用12月的31天时间把这一年没读的书都补上，则难度非常大。

你的生活中有哪些事情本来有机会做，结果却拖到一天中做，最终没能完成呢？

———————————

如果一个人在80岁那一天，想把一辈子的照片都拍完，那么是不可能的。但只要每天花一点时间拍照，就能轻松地完成用照片记录一生的目标。

时间记录也是如此，如果你每天花一点时间来做这件事，就可以轻松地记录自己的一生。如果你没能每天及时记录，那么当你到80岁时，再怎么回忆往事，也不可能将所有时间记录都补回来。若你现在没有及时记录，两三天后回顾补充，还能想起来自己做了些什么，但等到多年以后再坐到桌子前回顾自己这辈子做了些什么，单靠记忆，几乎不可能全部想起来。

现在你可能觉得自己每天做的都是相似的事情，并且多年没什么变化，生活似乎可以一眼望到头。但只要你把时间拉长到50年、60年后，就会发现再看上去一成不变的人都会发生变化，因为时代会促使人变化，环境会推着人变化。

我们平时要及时做好时间记录，而不应等老了以后再拼命回忆往事。

———————————

请想一下，你明年最忙的一个月是哪个月？最忙的一天是哪一天？要做哪些事情？如果你确定那个月、那一天将非常忙，那么最好从现在开始准备。

怎么准备呢？想一想哪些事情可以提前完成，或者有没有办法让那个月、那一天不那么忙。有的销售工作有淡旺季，客户在某段时间都来签单，那段时间销售人员会很忙。那么，销售人员能不能平时和客户对接，约定好签单时间。比如，销售人员在6月份和客户约定好12月份前来购买，这种约定十分考验销售人员和客户的关系。如果一个销售人员能够做到这一点，保证自己的销售额不下降，业绩顺利达标，那么我想他大概率能干成大事。

销售的最高境界之一是能让客户在某个特定的时间或地点付款。这说明你和客户的关系"真铁"，你的产品质量真好，客户也真需要，你们相互之间高度匹配。约定性销售是极有难度的销售。

我一般不和非常着急的客户合作。人在着急的时候可能会做出错误的选择，因此我通常会让客户冷静一下。客户只有在非常冷静时做出购买决策，才能买到真正需要的产品，尤其是长期使用的产品。在我的服务中，如语写服务、时间服务、阅读服务、记账服务、人生规划等，最初的理念和设计都建议客户养成习惯，持续学习。我通常会给客户留出冷静期，让他自己判断是否真的需要我的服务。

在冷静期过后，如果他还觉得需要我的服务，我们就进入互相筛选期。这一时期，客户尝试更深入地了解我的服务。在筛选完成后，才进入正式交付期。在正式交付期，客户也会经常碰到问题，这很正常，关键是要一直坚持。只要坚持半年到一年，很多人就会发现坚持很有收获，会选择继续坚持下去，所做的事情会变成生活的一部分，这是很好的结果。这时候，若他再盘点自己的能力，就会发现和原来完全不一样了。

1.6　告别拖延

1.6.1　不存在"浪费时间"

有人说自己经常浪费时间，我一般不这样说。在我的时间记录体系里面，没有"浪费时间"这个说法。换个说法是，时间可以利用得更好。

每个人都会有不想做事的时候。我们有时为什么不想做事呢？原因在于人需要休息。人不是机器，不能一天到晚做事情，需要适当休息。人和电池一样，没有电了，需要充电。适当休息就是充电。休息好了，疲劳得到缓解，做事的效率会高很多。如果你一直感觉很累，就应该找找原因。

那我们可以一直休息吗？不能。如果有份工作要求每天在床上躺18小时以上，你会去做吗？一旦你去尝试，就会发现这份工作蛮难做的，有工资可能也干不下去。

因为我们的身体机制不允许我们一直躺着，你会发现长时间和床贴在一起太难受了。2020年，很多人因为新冠疫情居家办公，他们可以在家里"躺平"18小时以上吗？不能。一两天也许可以，时间长了，人是受不了的。

不要觉得自己是一个能够"躺平"的人，大部分人都不是能够"躺平"的人。不过，适当地"躺"一会儿是可以的，因为适当休息可以提高做事效率。

1.6.2　"想做"和"做"的时间差

你说要做一件事与真正开始做这件事之间的时间差，就是你"想做"和"做"的时间差。"想做"是打算做一件事，"做"是真的动手做。

比如晚上10点，你说要去洗漱准备睡觉，结果半小时之后才去洗漱，这半小时就是你"想做"和"做"的时间差。如果你想给一个人打电话，并且现在就可以打，而实际上你2小时后才打，那么你"想做"和"做"的时间差就是2小时。

如果你想做一件事，也能马上开始做，但直到2年后你才动手，那么这件事"想做"和"做"的时间差就是2年。要想缩短时间差，你可以将2年后启动变成1年后启动，这样时间差就缩短了一半。

我很少使用"拖延"这个词，建议大家也试着使用"时间差"。**评估做事效率高低的关键因素，是想做且能做一件事和真正做这件事之间的时间差。**时间差越长，做事效率越低；时间差越短，做事效率越高。最理想的时间差是1秒钟之内。你想做什么，立刻去做，这样效率会很高。

若粉丝决定早上6:30来看我的直播，6:30他真的来到直播间，则这中间没有时间差；如果他7:00才来到直播间，时间差就是30分钟。

当然，一件事是否"能做"，我们要做具体评估。有时候我们想做一件事，但不一定能做，这时就不能从"想做"开始计算时间。比如你想买一套房，但是首付款不够，那只是想做这件事；"能做"是说首付款已经够了，从这时候开始，到真正买下一套房的时间差，可能是三个月，也可能是五个月或更长时间。

当然，有些事情如果决定3年后动手做，并且在3年后真的做了，那么时间差就等于0。

你可以把生活中大部分事情的时间差都拿出来计算一下，看一下时间差能不能控制在5分钟之内，如果能，则说明你是一个做事效率非常高的人。

1.6.3　缩短说服自己的时间

在做事情时很怕有人告诉你，这件事你做不到。因为这时你往往需要说服自己，并且在行为上引导自己。

关于语写，我第一次一个月完成100万字是在2015年10月，第二次是在2015年11月。现在我培养出来的语写学员好多都可以做到一个月完成100万字，有的学员甚至可以做到一个月完成300万字。以前，没有人告诉我一个月可以完成100 万字，我需要说服自己并坚信自己可以做到。现在，语写学员都知道可以做到，因为他们可以看到他人是如何做到的，只要制订好计划且去认真执行就好。

当你做一件事时，如果认为这件事值得做，就应尽量缩短说服自己的时间。**如果一件事值得做，你就直接做，这样取得的成果往往会更多。**

当你不问要不要做，而是确定做，并且花时间思考怎么做，以及怎么做得更好时，大概率会取得更丰硕的成果。比如看一本书，如果已经有足够明确的信息告诉你这本书值得看，那你就不要问要不要看，而是应直接翻开看。你需要思考的是如果当天没有看完，下一次什么时候看，以及多长时间看完。

对多方验证值得做的事情，我们应持开放的态度，如果觉得对自己有益，就不再问自己要不要做，而是直接去做。

1.7　时间效果

1.7.1　什么是时间效果

时间效果是指在一件事上花了一些时间，能带来巨大的影响，甚至改变一生的发展轨迹。就像飞机掠过天空，虽然时间很短，留下的尾迹却会在天空中停留很长时间。

在日常生活中，我们做一件事带来了改变，做了之后有很大的收获，这就是时间效果的表现。比如阅读、早睡早起等事情，短期来看效果可能并不明显，但长期来看能创造巨大的价值。

每个人在日常生活中都可以做能产生时间效果的事情，我们应抓住机会。换句话说，我们做事不要只看现在，而是应立足当下，放眼未来，在做事之前就想到结果。

我每个月都会给自己设定应达成的目标。如果目标没有达成，那么我会认真思考接下来要付出怎样的努力才能获得理想的结果。

努力，不一定能获得理想的结果；不努力，一定不能获得理想的结果。我们不知道哪次努力会产生好结果，哪次努力不会产生好结果。比如做直播，你不知道哪些内容对观众有触动，能让他关注、分享、购买；阅读，你不知道哪本书会对自己有启发，产生重大影响，甚至改变一生；写作，你不知道哪篇文章会影响哪些人；做销售，你不知道谁最终会成为你的客户……

在付出努力的过程中，我们会遇到各种各样的挫折，可能会走神，可能会状态不佳，但只要你全力以赴，多多少少会有收获。一直做直播，会有越来越多的观众；一直阅读，会获得越来越多的知识；一直写作，会有越来越多的读者；一直做销售，会有越来越多的客户……

世界上最伟大的推销员乔·吉拉德每年会发出1万张以上名片，连续12年平均每天卖出6辆车。他并不知道1万多张名片发出去后会有多少人看到。他相信只要不停地发，就会有更多的人看到，知道他的名字，他的客户群体就壮大了。乔·吉拉德的故事告诉我们：我们可以做到的是，持续稳定地付出努力。

2022年，我做了约1000场直播，在固定的时间开始，持续稳定地进行。观众不一定持续稳定地来观看，但如果知道我的直播安排，有时间就会来观看。我们要付出努力，不分时间和地点。

阅读，随时可以开始，但收获不一定随时有。翻书的动作，每个人都能做到，但读一本书的收获每个人都不一样。有时随手翻一本书就会有很大的收获，有时读很多本书都没有任何启发。那么，读很多本书没有启发的这段时间，是没有效果的吗？不是的。持续稳定地阅读，就是为了在某个特殊的时间点，碰到喜欢的一本书，甚至是一句话，从而对自己产生帮助。

这些日常生活积累所带来的改变，就是时间效果。

1.7.2　动作到位，结果自来

要想让时间发挥效用，需要持续稳定地努力。我们围绕一件事做出动作，并且引发其他动作，一系列行为决定最终的结果。这就是动作到位，结果自来。

　　以踢足球为例，优秀的足球运动员能把球控制好。踢到哪个位置，距离多远，用多大的力度等优秀的足球运动员心里都清楚。若踢球动作到位，球基本会按照设想的结果运动。普通人在踢球时，往往无法精准地控制球，一脚踢过去，球停在哪里是不能确定的。如果你想要精准地控制球，就要持续不断地练习，直到成为专业人士。那时候若动作到位，则能够踢出更多的有效球。

　　我做的很多事情，并不是确定有结果才去做。我常常做一些不确定是否会有结果的事情，比如直播。我曾在2022年年初定下年底前做1000场直播的目标，但效果会如何呢？我当时并不知道。我持续稳定地每天做3场直播，在坚持一段时间之后，不管是我还是学员们，都有很大的收获和明显的进步，这一点超出了我的预期。

　　在时间效果上，动作到位，结果自来。也就是说，只要你确定做一件事，不管它将产生怎样的效果，都要持续定投。比如在一年中每天语写一万字，每天直播，每天读几页书……当你投入其中的时候，重点不在于这件事本身是什么，而在于你做这件事所使用的系统和方法论。这一套系统和方法论在做其他事情时同样适用，并且可以发挥作用。

　　生活中有很多事情都是动作到位，结果自来的。

　　下面以和人打招呼为例进行说明。如果你每次遇到认识的人，如邻居，都能亲切地和他打招呼，则当某天你临时需要出差时，拜托他帮忙照顾一下家里的宠物，他很有可能会伸出援手；如果你每天板着脸，和对方一年也说不上几句话，突然请求他帮忙，结果就很难说了。

找对象也是同样的道理。你可能不确定自己喜欢什么样的人，但一般在见了足够多的人之后，自然就知道自己喜欢哪种类型的人了。假如你已经处于恋爱阶段，正在考虑是否结婚，平时两个人感情很深，结婚只是一个结果。结婚的过程是一系列动作，包括举办婚礼、设婚宴等，这都是对双方意愿的确认。但凡一方的意愿不够强烈，都可能出现波折。若每个动作都到位了，结婚的过程就会很顺利，结果就是组建家庭，从一个人变成两个人，今后可能是三个人、四个人或更多人。

1.7.3　在时间中产生效果

动作在哪里？动作在持续投入，在时间中慢慢产生效果。很少有什么事情是一行动就有结果的，或者说就有非常完美的成果等着你去拿的。

哪怕是中彩票，也需要先买彩票，才能中奖。在中奖后，还得有能力守住这笔钱。同样是买彩票获得1000万元，有的人大肆挥霍，有的人把这1000万元作为本金，合理地投资和消费，从而实现了财富自由。

不是人人都能中彩票，但时间对每个人来说都是相同的。每个人每天都同等地拥有1440分钟，有的人大肆挥霍，有的人把这1440分钟作为"本金"，合理地投资和消费，从而过上了理想的生活。

我们在20多岁时赚取的几千元钱和40多岁时赚取的几万元钱可能是等值的，因为这20来年的时间差会带来增值。我们年轻的时候在某件事上不断投入时间，年长之后会有所收获。

我们在年轻的时候总感觉自己有光明的未来，不需要想以后怎样，相信自己可以改变世界。而当我们努力到一定程度后，才发现这个世界不怎么"听话"，没有按我们的期待改变。于是，我们回到自己的角落心想，既然改变不了世界，就改变自己吧！

人十分理想的状态是在年轻的时候想清楚，我们很难改变世界，但可以改变自己。我们只要把自己的事情做到位，哪怕是非常小的事情，都会对生活产生影响。比如，若你每天坚持语写1万字，时间长了，就会感受到其中的意义，生活也会因此发生改变。

做一件事有什么用，做到的人和没有做到的人给出的答案是完全不一样的。人们往往倾向于跟着一个有明确目标且说到做到的人行动。

每个人都可以培养一系列让自己的时间不断增值的习惯，这些习惯会随着年龄的增长、个人能力的提高变得越来越优质。在接触这些习惯之前，你就觉得拥有它们可以使自己变得更好；在开始培养之后，你就会发现每天行动心情美好，你会感受到生活的乐趣。我们可以每天进行语写、时间记录、阅读、记账、运动等。

习惯本身可能没有好坏之分，就像动作快慢、讲话快慢是一种习惯，不能说哪种习惯好，哪种习惯不好。对很多人来说，绝对的快或绝对的慢比较难做到，但是经过训练，一次比一次快一点，或者在需要的场合慢一点，是可以做到的。

专业是什么？专业是对一些事情进行系统化安排，动作的快慢，哪里做得好，哪里做得不好，都可以感知到。

时间是如何发挥效用的呢？以我做直播为例，在做了1000场直播后，我获得了一些宝贵的经验。我会在一天中3个不同的时段进行直播，在这些时段里感受自己的状态，克服各种困难。

在养成习惯的过程中，我们会碰到各种困难与问题。克服困难和解决问题是人生的必修课。没有什么是一帆风顺的，如果你哪天感觉一帆风顺，则说明你的能力已经高于所设定的目标，接下来要充分发挥自己的潜力，挑战更有难度的事情。

1.7.4 优势领域的持续创造

同一件事情，别人做起来很难，而你觉得非常容易，那么恭喜你，你可能在这个领域很有天赋，或者进入了自己的优势区域。这有点像中学时班里的学霸，其他人怎样都做不出来的题目，他轻而易举就能做出来，大家都觉得他在学习上有很高的天赋。

一个人做成了一件事，如果他说这件事是正确的，那么这件事大概率是正确的。即使可能犯错，概率也不高。如果一个人没做成某事，他说这件事是错误的，那么他说的不一定对，你可以不听，自己去试一试。因为他的方式可能错了，换一种方式，换一条路走，也许就成功了。

换句话说，一个经验丰富的人告诉你某件事情是对的，那么这件事大概率是对的，因为他做到了，有成功的经验，取得了成果，我们可以向他学习。如果他告诉你某件事是错的，他说的就不一定对，因为他没有做到，不代表其他人不能通过其他方式做到。

若你已成长到一定的高度，这个高度已经高到完全无须向外界证明你的能力，仅仅展示取得的一系列成果，就能让大家惊叹。尽管你所做的事情有些人认为是无用的，但大部分人都会认可你。只要持续去做事情，我相信一定能取得良好的结果。

在行动中犯错，这很正常。不管你的水平多高，都可能会犯错。若你长期不犯错，也许就意味着停滞不前。只要你犯的错误不影响其他人，不长期重复犯，就没有太大影响。我们可以允许自己犯错，或者说要原谅自己。但如果这个错误长期犯，就要多给予关注，修复一下自己的"系统"。

其实，重要的不是我们做了哪些事情，而是做事背后的方法论。如果你确定自己使用的是正确的方法，那就坚持使用这种方法去做事情，哪怕短期没有成果，也要不懈努力，因为长期总会有成果。

我们每天要做一些长时间才会产生价值的事情。你现在就可以看一下自己今天做了哪些事情，当下并没有产生效果，但如果将其放在时间轴上，拉长到20年后，就能看到价值。比如阅读，只要你一直保持阅读好书这个动作，就可以让你在未来20年，持续不断地从书中汲取知识营养，此时间价值是巨大的。

如今，万事万物更新换代的速度很快，不仅仅是硬件更新，我们的思维和认知也要同步更新。在这个时代，资源是丰富的。我们做事情时要记住一句话："**我要充分利用现有资源进行创造，将力所能及的事情做到极致。**"

若认知更新了，则关键在于真正去做。一些事情若不去做，肯定不会有结果。饭已经煮熟了，你却不去盛饭，不吃到嘴里，其他人是无法帮你的。

当你能用行动带动他人行动时，就说明你真正成长起来了，这就是成长溢出的表现。

1.8　长期价值

1.8.1　长期价值的获取就像种一棵树

长期价值在生活中的应用需要一种"节奏感"，有些事情需要等15年、20年才能获得结果，才能充分展现其价值。

如果一棵小树苗被种在合适的位置，在15年或20年之后，它就会成长起来，甚至可能长成参天大树。如果它没有被种在合适的位置，就可能无法成长，甚至会很快死亡。

很多具有长期价值的事情和种树一样，只要条件具备，行动之后等10年、20年，期间不用太费心，它们自会朝好的方向发展。这些事情有的可以完全不用管，自己朝好的方向发展；

有的可能一开始需要用心去做，等其成为我们生活中的一部分，就不用再费心了。

你的生活中是否有这样的例子：它具有长期价值，这种长期价值不但体现为理念上的冲击，而且体现在实际生活中。

不知道你有没有做过公益，如捐书、捐钱给贫困地区的小朋友，这和种树差不多。小朋友获得捐助后，生活可以好一些，学到的东西可能多一些，这相当于小朋友在大家的关照下不断成长。

在日常生活中，影响一个人和种树一样。把一个知识点或一种观念"放到"一个人的脑海中，就是种下一颗种子。从种子到长成大树，就像"产生想法，变成行动，获得结果"一样，需要很长时间。如果你获得了一个知识理念，并且分享给他人，就是种下了一颗种子，终会产生影响。

大学刚毕业的时候，我把自己所能找到的德鲁克的书全部看了一遍。有人说读不懂德鲁克，这是很正常的。德鲁克被称为"大师中的大师"，专门培养大师，对现代管理学做出了巨大的贡献。大家也可以试着阅读几本他写的书，相信会对你们有所帮助。

我开始看德鲁克的书时，就相当于种下了一颗种子。在接下来的时间里，他的观点、理念深深地扎根在我的脑海里。我每年都会和很多人分享：《卓有成效的管理者》很有用，《创新与企业家精神》中的道理可以在生活中运用……

1.8.2　2% 的成功率 vs 98% 的成功率

德鲁克在《创新与企业家精神》中告诉我们一个十分重要的道理：不要把时间放在一件成功率只有2%的创意上，应通过系统化的创新，让自己的成功率达到98%。换句话说，有时候运用创意或者借助为数不多的实践，的确可以取得成功，但大部分创意、想法、知识点，只有经过系统化实践，才能达到98%的成功率。

就像种一棵树，如果不了解树的品种、对生态环境的要求、种植方法等，那么很多树是无法种活的。如果对树的各方面特性足够了解，大概率可以使其顺利存活。不同的树有不同的生长习性，对生态环境的适应性不同。有的树很好种植，只要把种子埋进泥土里，它就会扎根。而有的树需要精心照料：土壤肥力够不够，需不需要施肥？有没有水源，要不要浇水？气候环境怎么样，是否适合生存？这就要求我们拥有足够的专业知识，这样才能把树种好。当我们真正掌握专业知识之后，才可能达到98%的成功率。

有一些创意，当你掌握方法和理论后，就可能实现，并且成功率很高。大部分时候，创新都需要付出努力，并且进行系统化训练。

就好比相亲，有的人只要见一两个异性就能成功，这种概率比较低。一般来说，相亲的人如果想象过自己未来的生活，就大概知道自己喜欢什么样的人，在相亲之前充分了解对方的各方面条件，成功率才可能较高。这样最终确定的对象，大概率也是自己喜欢的，今后两个人的相处和生活也会比较愉快。

有时候我们做一些事情，突然灵感爆发，有所收获，但灵感不是天生的，而是来自长期积累和全身心投入，和自己勤勤恳恳地工作有关。灵感爆发就像中彩票，概率不高，我们暂且将其概率定为2%，并且是一次性的收获。我们在一开始做某件事时，就要有意识地进行系统化训练，最初的成功率也许并不高，但到最后可能达到98%。持续赚钱始于认知革新，你应建立一套行之有效的体系，力求系统化地工作，争取达到98%的成功率。

1.8.3 数字背后的时间结构

关于赚钱，大部分人可以通过一套方法实现，并且实现的概率很高。其中，给他人打工就是一种赚钱方法。商业自古就存在，只要做过交易，就形成过商业闭环，其中就有赚钱的方法，你就算做过生意，从某种意义来说就是生意人。

如果你希望自己的收入翻10倍、20倍，不能仅靠创意、聪明，还需要掌握正确的方法，接受严格的系统化训练，积极主动地赚钱，力求获得长期稳定的收益。

如果一个人的收入在3年内翻了20倍，你想了解他是怎么做到的，那么不要看他现在的样子，而是要往回看，看他进行了怎样的系统化训练，做了哪些方面的努力才促使他取得了这个成果。就好比研究一棵参天大树为什么长得这么高大，我们需要了解的是它的品种、生长环境、成长过程等。

要想了解一个人是如何做成一件事的，应主要看他具体做了哪些动作。我们还需要了解这次的成功是偶发事件，还是他通过系统化训练真的做对了一些事。

———————————

不知道大家有没有看到过一个标题——"月入10万元"，这个标题没有注明时间，具体是多少个月月入10万元呢？若给它加上时间，就会出现"一次月入10万元""连续3年月入10万元""连续10年月入10万元"……上述事件的时间不同，当事人采用的方法不一样，听者的感受也不一样。

如果他只做到了一次月入10万元，则说明这大概率是其能力的极限。

如果他连续3年月入10万元，则可以说十分稳定了。如果他连续10年月入10万元，则大家可能会想：怎么连续10年都这样呢？连续10年都没有进步吗？

同样是月入10万元，为什么连续3年月入10万元人们感觉他很厉害，连续10年月入10万元就觉得他没有进步呢？如果附加一个条件，这个人连续10年月入10万元，虽然收入没有增长，但他每天都很开心，还把工作时间从第一年的每天10小时缩短到现在的每天1小时，甚至不需要工作也有同样的收入，那么我们可以去了解一下他高效工作的方法，以及是如何做到持续稳定的。

──────────

数据是一样的，背后的故事和条件变了，给人的感觉是完全不一样的。我们可以把背后的故事展开：一个人开始3年月入10万元，他想再努力一把争取获得更高的收入。但过了一段时间，他发现这不是自己想要的生活，太辛苦了，生活除了赚钱，还要有其他乐趣。于是，他决定稳定在月入10万元，并且连续10年收入都没变。再往下看，他第一年月入10万元，每天工作10小时，太辛苦了；到第三年工作效率有所提高，每天工作5小时，他还是觉得业余时间不够，不能支撑自己的兴趣爱好；从第四年开始，他每天工作3小时； 到第十年他每天工作1小时，甚至不需要工作也能稳定月入10万元。

相同数据背后的稳定性，代表着一个人的做事风格。做一件事投入的时间总量和做一件事的时间结构是不一样的。

这意味着我们需要持续稳定，而持续稳定背后唯一不变的是时间总量。在评估一个人取得的成果时，我们除要盘点他已经取得的成果之外，还要看他取得成果所花的时间。如果他花的时间多，取得的成果大，那么往往是因为他付出了足够多的努力；如果他花的时间很少，但取得了远超预期的成果，那么我们要看他是否通过采取系统化的创新方法提高了效率。

1.8.4　如何调整时间结构

我们在开始投入时间之前就要考虑做一件事的时间结构。这不是要求我们考虑事情本身是否有价值，而是考虑做这件事的时间结构是怎样的。我们的能力是持续稳定提升还是持续稳定在一个水平？

语写训练就融入了时间结构的原理，如每天写1万字，但是第1天和第100天、第1000天写1万字，时间结构已经改变。

这里的变化在于，第1天的训练主要是熟悉工具如何使用，而第1000天的训练是工具为我所用，它在帮助你、训练你。

语写训练的特点是，你厉害，工具就厉害，你越来越厉害，工具也变得更厉害，你永远不知道它的极限在哪里。开始的时候，你在训练它，慢慢地变成它来训练你。语写人就像武侠小说里的高手，从小习武，练就了一门功夫，在行走江湖时，这门功夫成为他的助力，甚至是其独有的标签。当功夫练到极致后，只要他站在那里，大家就能感受到强大的气场，这是来自内在的力量。这是时间结构调整后产生的力量，开始的投入和最后的投入是不一样的。

我们要尽早把自己的能力锻炼到位，达到顶级的水平，大家一听就知道这是一个高手。要想做到这一点，就要多做能调整时间结构且能带来长期价值的事情，这样能有效地提高成功率。

———————————

时间结构的调整可以在各个阶段，如开始时的调整，把基础打牢固后的调整，以及后期细节上的调整，它们是不一样的。

在3～5年的周期内，你的时间结构有没有发生变化？如果你的收入发生了变化，那么你的时间结构通常也会发生变化。

如果你的收入发生变化，比如骤减或者陡增，那么时间结构肯定会发生变化。

什么是骤减？比如失业没收入、降薪。什么是陡增？就是收入翻倍，比如原来年薪20万元，现在年薪一下增加到100万元或者500万元。遇到这两种情况，一个人的时间结构一定会发生变化。

我们难以调整短期的时间结构，但是一定要想办法调整长期的时间结构。换句话说，我们无法在短期内改变命运，因为短期内我们自身的习惯、周边的环境等都不会发生巨大的改变。**若把时间拉长到20年后，能否改变命运就取决于我们自己，而非周边的环境了。**

从20年的维度来看，我们要定期投入有长期价值的事情中。此时调整的重点是时间结构。就好像同样用手掌击打砖块，练过铁砂掌的人一掌下去，砖块可能就会碎掉；而没有练过铁砂掌的人，要想把砖块打碎，需要击打很久。他们中的一方事先已经投入时间练好了本领，另一方则是在遇到问题时当下修炼。

在日常生活中，我们要花时间把自己的基础打得特别牢固。还以种树为例，有些树种下去，前几年长得特别快；而有些树种下去长得很慢，几年都长不了多少。一些懂树木成长规律的人说："不用着急，有些树前三年主要向下扎根，三五年后才开始向上长，一下子就能长得特别高。"

花也是一样的。有些花每天早上盛开，晚上聚拢起来；而有些花一旦盛开就会持续绽放。有些花只在春天绽放；而有些花要等到夏天或秋天才绽放。有些花到了特定的时间就会盛开；而有些花没有固定的花期。

人和花、树一样，自有节奏。在语写训练过程中，有的同学成长特别快，有的同学则慢一些。快有快的好，慢有慢的好。有时候做一些事情，看起来很快，实际上很慢。比如语写，快是说有些人经过一星期的训练就能做到1小时输出1万字，慢是说有些人两年后还是1小时输出1万字。虽然看起来他们的语写速度没有变化，但是正确率、节奏感都已经发生了变化。

———————————————

假设你来做自己的人生规划，以月入10万元为标准，有两种状态：一种是每个月努力达成进账10万元，一种是不工作也有被动收入10万元。

你身边有没有处于上述两种状态的人？去找到这样的人，向他们请教，了解他们过去到底做了些什么。通常他们会分享一个很长的故事，你可以通过他们的故事了解如何收获长期价值。你还可以找到那些花钱特别快、赚钱特别多的人，以及很少花钱且赚钱较少的人，看看他们有什么不一样。

你要认真思考这些事情是如何发生的，自己该如何做，并且在20年、30年的维度规划自己的人生，提前了解未来要做的事情，阅读相关的书籍，尽早开始准备。这世界很有意思，每个人有每个人的活法，每个人有每个人的精彩。

1.9　穿越时间价值

如果你想变得有价值，那么应多做一些可以穿越时间的事。

做哪些事情可以穿越时间呢？创造作品。

如果你希望自己的闲暇时间越来越多，随着能力的提升，在5年、10年之后变得不忙碌，或者年老后比较悠闲，创造作品是很好的方法。这里所说的作品，既包括我们通常所说的文字、视频、画作等，也包括所创立的公司或机构。简单来说，就是创造出一部独立的，不花费你的时间，能够持续产生收益的作品。

我们可以通过单次的时间投入，持续地增加价值。

———————————

　　如果你有喜欢做的事情，那么可以想一想能不能将它变成一套体系，变成一套体系化的工具。这和单纯地将它作为兴趣爱好是不一样的，一旦想通过它赚钱，甚至以它为生，就最好形成一套体系，即有一个完整的系统支撑。换句话说，你应从更多的角度思考这件事怎样才能做成。现在你就可以想一想，自己的兴趣爱好有没有可以变成能够赚钱的项目，如果有，它们也属于作品。

　　能够赚钱的事情，最好自己喜欢，还可以创造价值，甚至可以创造长期价值，这样会让赚钱变得很有意思。**如果你想要让赚钱更有意思，则应设定一个大目标**。如果目标太小，则可能导致你不想付出太多努力；如果目标很大，则需要你拼尽全力去实现。其实，最重要的并不是目标的绝对值，而是你在实现目标的过程中，考虑事情的范围会更广一些。

　　在空闲的时候，你可以多思考一下这方面的问题，这样可能会迸发出更多的灵感，产出更多作品。自由才能创造，灵感往往不是忙碌的时候迸发出来的，而是在空闲时产生的。比如语写，如果只有5分钟时间，我们一般很难产生震撼自己的灵感，虽然这种情况会有，但频率不高。在自由的环境中，我们能更快地进入创造的状态，产生很多震撼人心的灵感。

　　我喜欢"有一点忙"的感觉，"有一点忙"是有事情做，但又不是忙得不可开交。在事情多的时候，我还能找出时间休息，不会感觉很累。如果整天只休息不工作，则有可能休息质量不高。

　　人会在某个时刻觉醒。我是突然意识到自己应该认真读书的。我以前学习成绩不太好，有一次放学回家，我在半路山坡上坐了一小时，在一阵风吹过且我准备起身回家的一瞬间，我意识到应该认真读书。我还记得山坡上有片油菜花。你一定也有一些时刻，突然觉得自己应该做些什么。

　　如果你突然觉得自己应该好好赚钱了，就说明你准备承担起对自己的责任了，通过不断探索和积极行动，离实现财富目标会越来越近。

————————

　　如果你想在有生之年完成一部作品，我建议你把物质需求降到最低。最低是指在不断增加财富的情况下，依然保持之前的支出。如果一直追求物质享受，那么可能陷于金钱与物质中，很难完成好的作品。

　　创造作品还需要大量积累素材，需要丰富的阅历，因此很多名人的经典作品都是在他们中年之后才逐渐创造出来的。

约瑟夫·熊彼特在59岁时出版了十分畅销的作品——《资本主义、社会主义与民主》。

康德从57岁到66岁，出版了《纯粹理性批判》《实践理性批判》《判断力批判》3部著作。实际上，他从46岁就开始做准备，花了大约10年的时间才写成，正式完稿时他已经教学30多年。

叔本华在31岁时出版重要著作《作为意志和表象的世界》后，63岁出版《附录和补遗》。《附录和补遗》是他的成名作，他因此大获成功并开始广为人知。

《与神对话》是作者尼尔·唐纳德·沃尔什在49岁时，以一次神奇的对话重启生命旅程，而后才出版的。

《阅读的方法》是罗振宇对自己阅读方法的总结，此书在他49岁时出版。

假设你现在30岁，想要创造出优秀的作品，那么在接下来的20～30年中，应该花更多的时间收集素材。等素材积累到一定的程度之后，在55～65岁，甚至66～75岁，创造一部集大成的作品。

人年轻的时候觉得30多岁已经年纪不小了，很多人到了35岁就说年纪大、面临中年危机等。只要你多看看名人传记，就会发现大器晚成一直都存在——过去、现在、将来都存在。

这一点也适用于创业。大多数人40岁之前经营的事业，一般规模不会很大。这里的"大"是相对值。在互联网领域，少数人能在20多岁自己创建大企业，在所有企业的总量面前，这些企业占很小的比例。绝大部分创业者创业成功的平均年龄在40岁左右，这个年龄段的人能做成很多大事。因此，如果你想将企业作为自己的作品，也不用太着急，可以多花时间积蓄力量，把事情一件件做成。

一个人很难在短时间内发生大的改变，但如果时间足够长，人生的变化一定是巨大的。我们很容易将视线聚焦在生活琐事上，但偶尔也要思考人生大事，平时可以在语写中记录下来。

在语写中，用大量篇幅描写未来的人很少，但不断写未来的人是真正的创造者。大多数人写的是现在，写今天发生了什么，或者近期发生了什么。他们的注意力大都聚焦在当下，甚至会写一些琐事，花很多时间吐槽。在我的学员中，学习时间比较长的人，做事会从长远考虑，眼光会更多地放在以后。很多人亲眼见证了我是怎么发展的，有切身的体会，也会更注重未来。

有些学员说，规划未来很难写清晰。这是再正常不过的了，因为规划未来是一项技能，需要极强的能力，你需要写10遍、20遍，甚至更多遍，才能将不清晰的地方表达清晰。

作品，需要一些时间来创造。

————————

如果我们用全部的时间来赚钱，就有可能赚到很多钱。

如果在赚到钱的同时，我们又有闲暇时间，就意味着有创造作品的时间。

原来你可能需要100小时才能完成的事情，现在你只需要1小时就能搞定，效率就是原来的100倍；原来你可能一年需要工作2000小时，现在你只需要工作2小时，相当于收入是原来的1000倍。

收入的增加有两种情况：一种是财富绝对值的增加，这需要花费时间；一种是财富绝对值不变，但创造财富花费的时间大幅减少，甚至可以忽略不计。换句话说，你什么都不做，就有和原来一样的收入。

一个人不能"卖出"自己所有的时间。假设人的一生有100年，前20年的主要任务是成长、学习；中间30年的主要任务是赚钱，也是我们主要"卖出"的时间；后面还有50年，那么应如何创造持续的财富呢？我们需要从时间轴的维度上，想清楚自己想要的生活方式。

事实上，作品的"声音"是可以穿越时间的。假设你在2025年创造了一部作品，到2055年是30年时间，在这期间作品始终存在，因此能产生30年的收益。假设作品是一本书，如果有版税，哪怕一年只有1万元，那么该书的作者30年也能获得30万元。如果到了2055年才创造出作品，那么这笔钱就不会有。

————————

作品和孩子一样，有成长周期，需要慢慢"成长"，我们不能等到50～60岁，甚至80岁才着手做一件事，要尽可能早一点，就像张爱玲所说的："出名要趁早"。

但我觉得出名也不能太早，要刚刚好。一个人若太早创造出作品，财富和好名声来得太快，很可能为其所累，或者失去自己的时间。

莫言曾说："做人要'晚熟'。"有的人可能在遇到重大转折或者碰到困难时，才发现自己需要沉下心来创造作品，于是找回初心，潜心创造。

其实，十分理想的状态是：先出一部作品，并且是一部完整的作品，虽然不特别惊艳，但也不特别差，受到的关注度不高；接下来，继续完善这部既不太惊艳也不太差的作品，推出第二部、第三部、第四部……慢慢地，作品被更多的人看到，好名声和财富一下子就来了。因为这个创造过程是循序渐进的，创造者有足够多的时间来消化财富的逐渐增加和名声的逐步提升，他并不是一下子暴富，成为大众瞩目的对象的。

如果一个普通人突然拥有了1000万元，他大概率无法将这笔钱的价值发挥到最大，他可能会将这笔钱放在家里，任由它贬值。如果他的财富是慢慢增加到1000万元的，那么他对财富增加的理解会更深刻，也知道如何有效地发挥其价值。

创造作品也是同样的道理。如果作品带来的影响是逐步增加的，你的名气随着影响的增加而逐步提升，你就会有足够多的时间打牢基础，创造出更好的作品。这个过程最好是慢慢地、慢慢地……这里的"慢"不代表行动时间很晚，而是指有节奏地向前推进。比如，阿西莫夫在38岁之后，平均每个月出版一本书，一直到72岁，这就是他的节奏。

在创造作品时，最好能充分抓住黄金周期，如果你从25岁开始创造第一部作品，35岁结束，那么这10年就是你的黄金周期。当然，30～40岁的黄金周期也是可以的。

　　如果你很早就积累了一笔财富，那么不要随意挥霍。因为终点未知，我们要趁早行动，能在20岁开始，就不要等到80岁才开始。很多人喜欢说"躺平"，事实上在真正"躺平"之后，你再想爬起来会很难。

1.10 让时间利用你

与其说利用好时间，不如说让时间利用好你！

与其说高效率使用时间，不如说让时间高效率使用你！

越有能力的人，在职场、生活中越受欢迎，因为大家都想和他一起做事。他很能干，别人一有事情就会想到他：能不能叫上他一起做？

让时间利用好你，是说时间给你的这100年，利用你做了一些有价值的事，而不是说你利用时间做了多少事。

不管你是在还是不在，时间的长河一直潺潺流淌。在这条长河中，有一段长约100年，是专属于你的。**你我在时间之**

中，不是时间在你我之中。

　　我们通常说的是"如何高效率地利用自己的100年"。换个角度来看，时间一直存在，它在用不同的因子塑造这个世界。这些因子就是我们人类，我们在时间中存在。就像你买了一个苹果，从买下来到吃掉它的这段时间，苹果属于你。如果苹果很好吃，那么你可能会不停地买。人也是如此，如果一个人很厉害，你若仔细观察就会发现，在时间轴上，他一直在被时间培养。

　　原来我们思考的是"如何利用自己有限的时间做事情"，但实际上，并非只是我们在利用有限的时间做事情，而是时间在利用我们在时空中更好地创造价值。我们可以深刻地感受到时间的有限性、不可复制性、不可储存性。

　　我们可以把自己交给时间，去不同的空间体验不同的生活节奏。具体如何体验呢？你可以站在一个地方，去感受这个地方的生活节奏，有的地方生活节奏很快，有的地方生活节奏很慢。这有点像城市自身的气场，比如在城市商业区和公园，人们能感受到明显不同的节奏。若走在生活节奏比较快的地方，人们就觉得应该抓紧时间做一件事情；而走在生活节奏比较慢的地方，人们的脚步就会不自觉地慢下来。

有时候你在一个地方，身处的环境会塑造你。不同的人在不同的环境中，对时间快慢的感知是不同的。好多人年轻的时候想去生活节奏比较快的地方。在周末，你可以选择和工作日一样的节奏，甚至比工作日更快的节奏，当然也可以选择相对慢一点的节奏。

在上学时，我们习惯由老师规划学习节奏。在进入社会后，没有人再来帮我们规划学习节奏，需要自己规划，比如每个月看多少本书、要做完哪些事情、要完成哪些任务等。

自主性在某种程度上意味着缩短"想做"和"做"一件事的时间差。小时候，如果我们做一件事比较慢，会有家长或老师督促；在工作中，如果我们做事比较慢，短时间内没什么，但长期来看，发展机会可能就没有了。有没有一件事，你原本计划一年完成，结果多年后才完成？有没有一些事，你计划要做，却总觉得有一些缺陷，还有些可能性或有些困难与问题，结果一直没做？

事情做了和没做，是两码事；事情做了，做得好不好，又是另外两码事。在生活中，我们经常会做一些决策，暗下决心"我一定要做什么"。比如，有人说"早点赚到一亿元"，实际行动却是"先等20年再说"。这样大概率是实现不了的，因为他并没有从现在开始为实现伟大的目标而努力。立刻去做，并且不断做得更好，比什么都不做要好得多。

　　我们常犯的一个错误是，对于长期目标——"可能会做的事"没有设定明确的截止时间。比如，一个人看一本书，1月份翻开，3月份看到第100页，5月份看到第150页……直到9月份还没有看完，可能期间他看了其他的书，但这本书就是没有看完。其实，并不是他没有能力看完，而是他在阅读过程中没有设定明确的截止时间，如果目标明确，他是能看完的。

　　看完和没看完是两码事。做其他事也是一样的道理，有时候并不是我们没有能力完成某件事，而是由于我们没有为目标设定截止时间，因此无限拖延，导致目标很久还未完成。

————————————————

　　我们能清醒地活着，能觉知自己的意识，能有稳定的情绪，能感受到时间的流逝，能在思维里进行实验，能在生存之上做自己喜欢的事情……这一切都非常神奇。一个人不管现在多少岁，当他还能思考，正在思考，以及思考接下来怎样思考的时候，他是非常幸福的。

　　也就是说，一个人可以清醒地思考自己正在做什么，接下来可以做什么，如何安排自己的生活，是非常幸福的。如果一个人能够自主安排时间，则更是幸福的。我们只有付出足够多的努力，才能获得这种幸福。

　　既然是自主安排时间，那么我们是不是可以随心所欲地做事呢？不是的。我们的确可以随心做很多事，但更重要的是，我们应要求自己随心不做一些事情。

与其说你利用时间，不如说让时间利用你。大家不要等到60岁、70岁再说："如果我年轻的时候怎样怎样就好了……"从现在开始，请抓住一切时间和机会，立刻动手去做一些事，去为看起来遥远的未来做准备。

事实上，我们只有十分有限的时间，说长也长说短也短。说它长，是因为慢慢做，总会把事情做好；说它短，是因为如果不去做，事情就没有完结的那一天。

1.11　衔接未来的三大工具

一般情况下，我会使用三大"衔接未来"的工具，分别是：反馈分析法、寄给未来、思维实验。我在《极速写作：怎样一天写10万字》中提到过这三大工具，在本书中再简要说明一下。

"反馈分析法"是指在任何事情开始之前，先写下结果，在事情发生后，进行检查，看当时写下的预期结果是否达成。若达成了，则说明这件事做得不错，应总结经验继续保持；若没有达成，则要分析为什么没有达成，尽力把原因找出来，以免不断许下愿望却无法执行落地。如果在达成目标的过程中，有过失败的经历，则要重视起来，多做练习。

我们在日常生活中练习使用反馈分析法几乎没有成本，却能够大大提升行动力。原来你总是计划明天做什么、后天做什么、大后天做什么，但到了大后天一看，前天计划做的事情没做，昨天计划做的事情也没做，今天计划做的事情还没做。但提醒自己10次、20次，也许会促使你行动起来。

我们可以制订一天的计划，比如今天要给5个人打电话，中午12点吃饭，晚上10点洗漱、10点30分上床睡觉……我们应在前一天晚上或当天早上写下这些计划。到了晚上，我们要检查一下：打了几个电话？完成了多少工作？中午12点开始吃饭了吗？……如果你都做到了，还应分析一下哪些事做得好；如果你没有全部做到，则应该认真思考哪些地方需要改进。这就是反馈分析法的短期运用。

有人说要努力赚钱，实际做的是大手大脚花钱；有人说要努力找对象，实际做的是用闲暇时间在家里看电视剧；有人说要早睡早起，实际做的是晚上11点开始玩手机，第二天早上迟迟不起。

很多人计划做的事情和实际做的事情中间隔着一条鸿沟。我们要尽力缩小这条鸿沟，让计划做的事情和实际做的事情之间没有多少差别。

短期的反馈分析法应用就是在真正做什么之前，写下预期的结果，在事情完成后或者在设定的截止日期再看看，取得的结果是不是和预期的一致。长期的反馈分析法应用，可以长达3个月、半年甚至多年，可以帮助我们了解自己的长处和短处，更清楚地认识自己。

───────────

"寄给未来"，指的是现在写一句话或一封信，"寄给"未来的自己。

我曾在2012年写下一句话：不管以后做得怎么样，多大年纪，一定要保持阅读和写作两个基本习惯。如今，我看到这句话，还是觉得当时说得很对。

"思维实验"，指的是运用想象力进行实验。

爱因斯坦专门用这种方法做了一些在现实生活中无法做的实验。我们在中学时代学习物理和化学时，会做一些实验，这些实验在现实生活中可以做或进行模拟。但还有一些实验，在现实生活中并不具备所需的条件，或者无法模拟现场环境，这时我们可以通过思维来进行实验。

人生很多时候是不可模拟的。在心理学中，有一个概念叫"自证预言"，不管未来如何，你可以在思维实验中，以目前的能力想象所有可能的方案，并写出对应的结果。

换句话说，你的人生有一百种、一千种、一万种可能，可以写出无数个版本，可能成为数学家、艺术家、律师、财务专家等。你可以从一个领域切入，把各种可能和对应的结果都写出来，可以完全基于想象，不需要在现实生活中发生。如果你写得很清晰，并且思维实验的结果都指向同一个结论，就说明你想清楚了。

就像赚钱，如果不管你是工作还是不工作，都可以赚到很多钱，就说明实现财富自由了。赚钱的方法很多，既可以创办公司，也可以成为上市公司的股东，或者买到不错的股票或基金，以及买到一套好房子，抓住了风口……思维实验不关注过程如何，不用设定任何限制，只需要思考对应的结果。

在思维实验中，时间价值的增加不限制方法，可以把所有的可能都想象出来。

"思维实验"的难度比"反馈分析法"和"寄给未来"的难度大得多。

"反馈分析法"不做任何评判，以结果说话；"寄给未来"是假设现在的自己更成熟，对未来提出建议和忠告；"思维实验"则是运用想象力对各种可能情况进行判断，始终能得到一个确定性的方案。建议大家把这三大工具使用起来，让它们更好地帮助大家持续增加时间价值。

　　我们可以写下一份人生规划，并且把这份规划"寄给"未来的自己。这个过程其实就是思维实验，我们不断思考未来做什么及怎么做，在脑海中演绎各种可能，而且这种思维实验可以每年都做。此外，我们每年都可以使用反馈分析法对写下来的人生规划进行分析，看自己按规划做了没有，结果如何。

第 2 章
在有限的时间里加速成长

2.1　从现在开始学习

2.1.1　时间价值 300 小时法则

有一个学员曾对我说："希望我能够在5年后，产生明显的变化。"

"5年"是他深思熟虑之后提出来的。他没有急着说："我认识了一个很厉害的老师，学习了他的课程，明天就能变得很厉害。"

当他期待5年后有明显的变化时，会产生很强的内在力量。因为他对一件事情的要求是重复1000多天，而将一件事情重复1000多天和重复100天产生的结果是完全不一样的。

在学习新知识或新技能时，我通常会给自己300小时进行基础训练。在训练期间，我不要求任何回报，只是不断学习和重复练习，即使没有任何收获，最多也就浪费300小时。

通常来说，若你在一个领域投入300小时学习和重复练习，是可以取得一些成果的。我们在持续学习和练习时，会发现一个又一个问题，也要埋头解决一个又一个问题。在300小时之后，你若回顾一下，就会发现自己进步很大，但以后很可能碰到新问题，这时候要对时间成本和时间价值进行评估。如果想要深入研究，那么我们应再增加一笔时间预算。

比如做直播，我在2022年开始之际定下一个目标：2022年做够1000场直播，每次直播大约30分钟，总时长大约500小时。我不要求观看的粉丝有多少，只想尝试各种直播方式，学习直播技能，为大家提供一些价值。在直播期间，我踩了一些"坑"，但也有很多成功的尝试。为什么每次直播30分钟呢？对粉丝来说，30分钟能集中注意力；对我来说，30分钟的时间成本不算太高，符合《时间记录：数据反映行为，行为改变数据》一书中所说的"让体系维护的成本降到最低"。

学习编程也一样，打出第一行代码也许比较快，但是后面要学语法、学结构，很多时候有组合、有循环，只有把相关知识全部学一遍，才能掌握系统的方法，这个过程通常需要几百小时。

假如你计划1天语写1小时，全年下来大约需要花费365小时。你不用想三五年后还坚持不坚持，而是应先将这一年的计划完成。如果一年之后你对取得的成果不满意，决定不继续练习了，最多损失300多小时；如果一年之后你对取得的成果比较满意，就继续练习，深挖语写的价值。

因此，我建议大家在进入一个新领域，投入300小时之前，不要做任何决定，不要去想之后要不要继续，只要这件事经过初步衡量之后觉得值得，就直接去做。大部分人在经过严格训练之前，对一个领域的思考总是抓不住重点，只能看到表象，只有通过长期训练，在发现问题和解决问题的过程中深入思考，才能抓住重点和本质。

2.1.2　提升晚年的时间价值

先给大家讲一件我身边发生的事。我的妈妈快60岁了，她每天都在坚持学习。她会参加我的课程，也会观看我的直播，并且学习的时候非常认真。在直播中，我告诉大家要对所学内容进行复盘，写150字左右的总结，结果她写了3200多字。她还参加语写极限挑战，一天之内最多能完成12万字，一年完成了300多万字。

任何时候开始学习都不晚，就怕你没有学习的意识。一个人在退休之后，决定开始学习新知识，也是非常值得肯定的。现在的学习成本较低，学习形式很多，我们可以通过各种渠道学习。

既然任何时候开始学习都不晚，那么我们要等到年老后才开始学习吗？不，我们应该从现在开始学习，此时、此地。如果现在能学习，就不要等到以后才学习；如果在这个地方可以学习，就不要等去了其他地方才学习。我们应争取自己把事情做成之后，再影响其他人。

"活到老，学到老。"学习是没有止境的，无论你处于人生哪个阶段，都需要不断学习、不断进步。如果有什么不懂的地方，就积极去寻找相关资源，如图书、课程、身边的成功案例等。不要纠结学习是否有效，从现在开始学习吧，注重当下，把握现在。

终身学习，终身每日学习。

2.1.3 如何提问

在每次提问之前，你应该自己先想几个答案。这样你就可以带着问题和答案向其他人提问，当你得到他的答案后，你得到的不只是一个答案，更重要的是一种思维方式。这时候，你应该问问自己："为什么没有朝对方所说的方向思考？"这样当下次遇到类似的问题时，你就多了一个思路，从而可以更好地解决问题。

提问不一定是为了解决具体问题。有时候，厉害的老师给出的不一定是详细的解决方案，他往往会给出一个方向，你朝这个方向思考大概率可以解决问题。

如果你向我提问，我基本上不会给出具体的选择，而是会把关于选择的理论讲一遍。之后，你会有一个清晰的思路，知道如何做出选择。你的最终选择可能不会特别好，但一定不是最差的。

有时候我们会面临几个选择，它们相差无几，但可能都不是你心中最好的，那么你应该看看自己的目标，从长远的角度做出选择，相信这样做出的选择不会很差。

2.1.4　如何选择有时间价值的事

每个人在生活中都要做很多选择，下面介绍做选择时，我们需要考虑的几个点，希望对大家有所帮助。

对于已经做出的选择，即事情已经发生，就不用再过多地思考是好的选择还是不够好的选择。既然已经做出了选择，未来就只需要按照选择的方向前进。我们不需要去评判选择本身，只需要静待选择带来的结果。

大部分非重大的选择没有好坏之分，你只需要看这个选择对你来说是否合适。

我们应找到合适的方法，基于长远的视角做选择，而非仅基于当下做选择，这样才能高概率地做出好的选择。

在做选择之前，我们应该充分考虑各个要素，通过参照一些原则，判断做出的选择是否是好的。

原则1：自动跳出。

不管选择者什么时候做选择，一个好的选择都可以自动从众多选择中跳出来。

原则2：不做选择。

当选择者有众多选择，但犹豫不决时，最好不做选择，因为这些选择可能都不算当前条件下特别好的选择。

选择者可以等到条件更加完备时再做出选择，或者等待一个合适的选择出现。

原则3：倾听反对意见。

如果选择者一定要做出选择，但自身又难以做出选择，那么要耐心倾听反对意见，避免头脑发热，冲动地做出错误选择。

如果选择者把反对意见都充分考虑后，还坚持自己的选择，那么说明他已经准备好迎接选择所带来的结果了。

这时候选择者做出的选择哪怕不算非常好，也是经过深思熟虑做出的选择，肯定不会是一个特别差的选择。

以上三个原则能够帮助我们从众多选择当中，挑选出适合自己的。

我希望大家都能做出合适的选择，收获做对选择所带来的好结果。

2.2　知识要运用才能被感受到

知识是需要内化的。举个例子，一个人早起读了一篇文章，感觉自己学到了很多知识。待他走进办公室，没有人看得出来他今早读了一篇文章，更不可能知道他读了哪种类型的文章，掌握了什么知识，除非他分享出来。

如果我们碰到一个人，仅看一眼并不能立刻知道他是否是一个很有知识的人，甚至一个人很有钱，周围的人也不一定能看出来，除非他把钱花出来，大家才会知道。知识也是一样的，要运用才能被感受到。

我们无法通过学习证明自己学到了知识，只有把学习到的知识运用在工作或生活中才能证明，并且我们需要经常应用，应用一两次他人可能看不出来。

在一些特定场景下应用你的知识，一两次别人也许看不出你的成长，但在工作中，如果你的业绩快速提升，或者不断有人向你请教问题，你能很好地帮他们解决，那么你周围的人会明显感觉到你在快速成长。

知识很重要，但是懂得如何运用更重要。知识的价值不在于拥有，而在于运用。我们要把知识灵活运用起来，让它们帮助我们更好地解决实际问题，并且让我们发光发亮。

2.3　时间价值体现在真正做到

有价值的事，只有做到了，才能在一个人身上发挥时间价值。

如果你想了解语写，那么可以和语写践行者聊一聊。他们会告诉你，在他们心中语写是什么。有时候，只问一个语写践行者，你不一定能得到答案，你可以多问几个。一千个语写践行者，有一千种语写感受，你可能对一些人提到的内容心动，也可能对一些人所说的内容不感兴趣。

在实践之后，你就会发现很难说清楚语写到底是怎么回事，因为语写体系一直在迭代。

几年前认识我的人，现在再来看语写，会发现它的变化是巨大的，可能和他之前的认知完全不一样。语写没有换名字，但不代表内在没变化，它一直在迭代。同时，我对服务和课程的安排、把控及交付，也在不断地进步和优化。

语写服务所交付的不在于用户听到了什么，而在于用户做到了什么。这一点很重要。

用户不是单纯地知道要做成什么样，而是可以掌握一套方法，把事情真正做到，并且在以后的实践中创造价值。

2.3.1　语写是工具

我们不应等所有条件都具备之后，才去为一件事投入时间，而是应利用现有的资源、环境、技术随时来创造时间价值。

语写不等于极速写作，它是极速写作的一种方式。极速写作有很多方式和工具，而且会随着时代的变化而变化。

如果你在2000年之前学习用电脑打字，很可能学习的是五笔输入法，现在大多数人都使用拼音输入法。五笔输入法基于汉字的字形，打字时要拆字；拼音输入法则以拼音为基础。我们可以通过语言顺畅地表达自己的想法，但有时候若长期不写字，对于一些复杂的字，就可能只记得发音，而忘记了具体笔画。因此，五笔输入法和拼音输入法相比，拼音输入法更受大多数人欢迎。

拼音输入法有全拼输入法、双拼输入法等。从打字速度来说，双拼输入法优于全拼输入法。

现在，我们可以进行语写，其比手写、打字的速度更快。

那未来呢？未来有没有可能出现"脑写"呢？有可能，但什么时候会出现，我们还不确定。实践极速写作要等"脑写"发明后才开始吗？显然不是，我们可以利用现有的方法和工具，把写作速度提升到极致。

极速写作的基本原则是当下什么方式写作最快，就运用什么方式。这项基本原则放到50年，甚至100年后都适用。未来，写作工具会更加多样，但我们还是应该运用最快的方式来写作，不需要坚持一定运用某种方式。

2.3.2　先写作，后阅读

当写作和阅读发生冲突时，我们应该怎么办？先写作，后阅读。

写作是在梳理思路；阅读是把外部信息填入脑中。先将思路梳理好，再填充信息，输出的内容就会非常充实，而且条理清晰。

当你再面临是先写作还是先阅读的选择时，不必纠结，先写作。

其他事情同理，如果两件事发生了冲突，就应该先分析一下二者的作用，再根据相关原则采取行动。

2.3.3　真正的成长是已经看到更大的世界

有的小伙伴在刚接触语写时，感觉语写很厉害，这时他处于"正在看"阶段。在长期练习语写后，他对其他人说这个东西很好，其他人可能不太明白怎么个好法。二者分别是已经看到更大世界的人和正在看更大世界的人，他们处于两个不同的阶段。

如果你处于"正在看"阶段，那么可能觉得一种事物很好，可是怎么看都理解不了它的好。比如，你经常开燃油汽车，身边开电动汽车的人说电动汽车启动速度很快、百公里加速很快，但若你没有开过电动汽车，就没有真切的体会。

正在看和体验过是两回事。如果一个人真的在某个领域成长起来了，那么他一定已经看到了更大的世界，不是观摩，不是正在看，而是真的看到了。

真正的成长是已经看到更大的世界。

2.4 积极主动地创造

2.4.1 想法诞生后积极执行

想法是实在的东西。当你有一个想法的时候，就等同于你想到了一样东西，这样东西可能还没有完全成为实体，但只要加上明确的计划和行动，就可以实实在在地获得。比如你想买一本书，想法一诞生，就去看哪里可以买到这本书，然后下单，快递送达后，你就拿到了一本实实在在的书。

我们头脑中的想法，就好像一颗颗种子，它们要想生根、发芽，长成大树，结出果实，就必须有土壤、水分等。那么，想法的养分是什么？想法的养分是明确的目标和迅速且持续的行动。在一个想法产生后，如果没有明确的目标，就不知道应朝哪个方向行动；如果没有迅速行动，就会错过最佳的执行时机；如果没有持续行动，遇到困难就停下来，往往会以失败而告终。

你的脑海里若产生了一个想法，最好在短时间内执行。这时候想法可能还不是很成熟，也不一定很完善，但行动能够完善想法。如果错过最佳的执行时机，想法不仅得不到完善，还有可能直接消失。我们现在的生活节奏特别快，如果有什么想法，就应该立刻执行。

阅读也是如此。如果你读一本书，从中获得了很棒的观点或理念，就应该将它们转化为实际行动，在生活中践行，用事实说话。我们常说"好好学习，天天向上"，这是一种理念，那么它应如何落地呢？

我们可以展开思考：好好学习——到底学什么？天天向上——在哪些方面取得了进步？能不能用数据证明学习了、进步了？当下可以做些什么来促使学习进步？我们思考到最后，得到的答案可能是现在拿出一本书，马上开始阅读，写下读书笔记，进行阅读复盘。

但凡你有任何新的想法，第一个行动应该是把这个想法写下来，第二个行动是写下现在可以为实现这个想法做些什么。

———————————————

"实践证明存在"这句话在我脑海中出现的时候，我同时产生了很多想法，这件事可以做，那件事也可以做。一个人的时间是有限的，我们不能做所有想做的事情，任何想法在实践之前，都不能证明它的存在。假设现在你有一个很棒的想法，很有可能有人和你有同样的想法，但只有你们中间有人将这个想法变成了现实，真正落地执行了，才能证明它的存在。

如果你是一名创作者，那么要学会将想法落地，而写书是将想法落地的最佳方式之一。有些好的想法，一个人无法及时验证，但将想法写进书中之后，会有更多的人来实践。2018年，我在《极速写作：怎样一天写10万字》中提出，未来某一天有人可以做到连续100天每天输出10万字。事实上，在2022年年底，已经有人做到连续271天每天输出10万字了。

如果你计划写一本书，就会认真思考自己的想法是否成熟、系统化。若你不计划写书，则想法是否成熟、系统化，你可能并不会很清楚。在写书的过程中，你可能会反复修改文字，想法将被不断打磨。文字可以穿越时空，你的想法也将随着文字穿越，在相当长的一段时间内，书中的内容不会因为时代的变化而变化，这就意味着你在一开始就应该审慎地检验自己的想法。

如果你有一个想法，那么应在它产生的那一刻写下来，并且制订明确的计划，迅速且持续地行动，给予想法"成长"的养分，用实践证明它存在。

2.4.2　积极重视正在发生的事情

如果我们不能积极重视正在发生的事情，就可能对眼前的机会视而不见。这些机会即便摆在眼前，我们很多时候也会将其忽略。因此，我们要**积极重视正在发生的事情，有魄力抓住机会，从而创造更大的价值。**

举个例子，你可能见过身边有人拍大腿，说自己错过了买房的时机——当时房价很低，但是没买，结果房价涨起来了，自己没有抓住机会。我听一个人说过他买房的故事。他和朋友去看房，一开始只是想看一看。他的朋友觉得房价很合适，劝他赶紧买。他说："可是我的首付不够。"朋友对他说："没关系，我把钱借给你，赶紧买，这房子简直就是白菜价。"于是，他向朋友借钱买了房子。在聊起这件事情的时候，他说很感谢那位朋友，很有魄力，帮他抓住了机会。

有时候，碰到了投资机会，专业人士说买这个大概率能赚，而你可能会想：一定能赚钱吗？投资会有风险吗？这样你很可能会错失机会，当然买了也有可能会亏。一开始就犹豫不决，说明你的注意力可能并没放在这件事情上，最后也不知道是赚还是亏。你可能错失了一次机会，当然也可能避开了一次风险。

在时间轴上，每天都会产生新的想法，人们也在为了验证想法而采取各种各样的行动。如果一件事定了目标，但是估计达不成，那么应该怎么办？我们可以采取各种各样的办法。

一般来说，一个问题不可能只有一种解决方法，也往往没有特定的解决一类问题的方法。一个人也不会因为年纪大，就一定有更多的解决方法，如果有，那么年龄最大的人可能就是能力最强的人。因为按照此逻辑，一个人掌握的方法越多，能够解决的问题就越多，遇到问题套方法就行了。事实上不是这样的，60岁的人能解决的问题不一定比30岁的人多，一个人解决问题能力的强弱主要看其是否在生活中有对该问题所属的领域进行投入。

2.4.3　主动创造并做选择

在生活中，不知道你有没有碰到过一些让你感觉不太好的事情。大多数人说碰到这样的事是正常的。其实这是一个机会，一个改变的机会、创造的机会。

下面举两个例子来具体说明主动创造并做出选择的重要性。

第一个例子是温柔分娩。

我和妻子在备孕的时候，参加了温柔分娩课程。课程老师分享了创始老师的经历，说她一开始去医院生孩子，针对她的一些想法，医生说这也不行、那也不行。

她觉得生孩子不应该是这样一个痛苦的、大喊大叫的过程。在大自然中，所有哺乳动物的分娩过程几乎是一样的。她发誓，一定要舒服地"享受"分娩的过程，宝宝出生，要和自己有肌肤接触。于是，她大力推广温柔分娩理念。

因为她的大力推广，我们才知道原来生孩子不一定让人觉得痛不欲生，虽然不像吃饭、睡觉一样轻松，但完全是可以处于放松状态的。

―――――――

第二个例子是关于火车票的。

一个人乘坐火车出门，到站后下车验票，发现纸质票遗失了，于是将订单截图和短信展示给工作人员，证明自己已购票。工作人员说按规定，这些无法证明已购票，必须看纸质票，没有纸质票就得补票。最后，他被迫补了票。

为了自证清白，他将铁路局告上法庭，他说自己已经用客观证据证明了购票的事实，而且火车票购买已经实施实名制，只要查一下就知道乘客是否购票，纸质票不是唯一购票证明。因此，一定要以纸质票验票的规定，其实是霸王条款。

这场诉讼在当时引起了广泛关注，不久之后新的乘车规定出台，不再将纸质票作为唯一购票凭证，甚至不用取纸质票，用身份证就可以检票。

这一变化大大方便了乘客，为乘客节省了很多时间，提高了出行效率，还保护了个人隐私，间接保护了环境。在仅凭借纸质票进站时，人们赶火车必须提前排长队取票，一个不小心就会误时间。而纸质票并非每个人都需要，大多数人用完后都会扔掉，很容易造成个人信息泄露。每年有出行需求的乘客很多，如果每个人都取纸质票，那么会有很多树木因为制作纸质票而被砍伐。

————————————

在日常生活中，你可以多关注让自己觉得不舒服的地方，尝试改进。此外，你还可以关注效率低的事情，并且努力找到提高效率的方法。

我们的人生完全可以过得很愉快。当你经历一些事情，觉得不应该如此的时候，就应该努力去改变。每个人都有这样的机会，不要认为生活必须是什么样的，或者我们必须怎样做。

生活没有一定之规。你的生活可以更加愉快、丰富多彩，可以有更多的追求，可以每天充满期待。生活不是一种宿命，而是一种选择。

也许你现在觉得很困难，似乎看不到希望，实际上前方是怎样的取决于你的选择。我们要保持积极乐观的心态，不要把遇到的挫折当作不好的事情，而应把它当作生活对我们的磨炼，相信未来一定会朝好的方向发展。

你可以在经历不愉快之后，定下目标——"我再也不要经历同样的事情，希望其他人也不会有同样的经历，我要改变人们对这件事的认知"。这样，我们就可以把曾经的不愉快变成一种财富。

生活是人创造的，也是人选择的。

2.5 一样和不一样

我们可以在"一样和不一样"后面增加一些维度。

一样是一天，不一样的是生活。

一样是一生，不一样的是成果。

我们每天都一样，一样拥有24小时；我们每天又不一样，在不同的城市，做不一样的事情。

24小时的时间就在那里，不增不减。不管你是早睡早起还是晚睡晚起，一天的总时间都是一样的。我们应充分利用时间，按计划分解时间，将其划分为不同的时间段，在不同的时间段安排适量的工作。我们要尽量避免熬夜，除非熬夜是为了极其重要的事情。

一样的一天24小时，不一样的时间使用方式。

我们每个人一天都拥有24小时，不一样的地方在于这24小时花在不同的事情上，造成了人与人之间的巨大差别。

时间本身不会让人增值，**只有把时间用来做事，才能让人增值**；时间本身也不会让人成长，在时间维度里做一些事，会促使人成长。以种树为例，一个人种了10棵树，从种下的那刻起，这10棵树和他一起成长。假设树的成长需要10年，那这10年，他和种下的树在一起成长。这里的"树"，可以是任何他做过的事情或正在做的事情。

如果时间本身可以让人增值，那么这个世界的运作原理应该是年纪越大的人越有智慧和价值。又或者说，世界上年纪最大的人是最厉害的人，50岁的人一定比40岁的人取得的成果大。但事实并非如此，增值发生在我们具体做了某些事情之后。换句话说，我们只有在做事的基础上才会增值。

人不能太闲，需要忙起来。时间之所以增值，不是因为我们闲着，而是因为我们做了一些事情，既包括积极主动高效地做非常重要的事，也包括从事休闲活动。

一样的时间维度，不一样的事件叠加。

如果你在一个时间段内，同时做五件不同的事情，并且完全不影响生活节奏，就能够大大提高效率。

下面以织毛衣和开车为例来简要说明。新手可能手法不熟练，要一针一针仔细地织，生怕哪里出错；老手则可以一边织毛衣，一边和人聊天。开车也一样，新手上路非常紧张，双手紧握方向盘，时刻看着路面；老手则可以一边十分放松地开车，一边听音乐。

一样的"明天"，但做的是不一样的事情。

明天尚未到来，对每个人来说都是一样的，但你可以做一件有意义的事，让普通的明天变得不一样。也就是说，原本明天和平时一样，但因为你在生活中做了一件事情，它就变成了不一样的一天。

你可以写一封信，给明年的明天。假如明天是2023年11月10日，那么你可以给2024年11月10日的你写一封信，用已经完成的状态去描述，写写自己的生活状态，发生了哪些变化。以后你再回想的时候，会想起这一天。具体时间你可以随意设定，一个月、三个月、一年、十年之后都行。

关键是你要把明天当作生活中比较特殊的一天，假设自己这一天和过去不一样，你做了一些与众不同的事情，或者十分有意义的事情。

一样的生命，不一样的成长。

在成长的过程中，我们会经历许多事，其中有些事情让我们印象十分深刻，我们也会因为具体做了一些事情而成长。时间在我们做事的过程中，辅助我们成长。没有时间维度，很多事情是做不成的。

生命影响生命，通常借助行动。 在同样的一段时间内，每个人的成长速度是不一样的。学习一样的内容，有的人认真学，并且将所学运用到生活中；有的人随便听老师讲讲，也不去实践，短期来看，他们没有太大差别，但长期来看，他们会拉开很大的距离。

一样的行动，不一样的专注力。

只要你一直在做事，就能让时间增加价值。大家不要空想，而是应直接去做一件事。我们很难一天24小时一直做事情，一般睡眠时间大约8小时，零零碎碎的时间（包括吃饭时间、走路时间、休闲娱乐时间等）加起来也有几小时。我们总会有一些习惯性行为，在实施这些行为时我们可以同时思考：今天还有什么重要的事情需要做？

当大脑没有办法高速运转的时候，我们通常会发呆，这属于休闲娱乐的一部分，我们的大脑会自动启动保护机制。当我们紧张地工作或学习一段时间后，可能会感觉身体不舒服，在放松之后，各项能力会恢复。会"玩"的人做事效率高，因为他们懂得随时随地适当放松一下，松弛有度，做事效率更高。

如果你在日常生活中觉得非常有压力，做事无法集中注意力，那么请停下来，不需要太久，三五分钟即可，问自己三个问题：我正在做什么？我刚刚做了什么？我接下来要做什么？

这是三种不同的状态。

"我正在做什么？"是让自己的注意力回到此时此刻。

"我刚刚做了什么？"是弄清楚自己从哪里来。

"我接下来要做什么？"是明确自己要到哪里去。

这三个问题可以用于日常训练，并且不需要等到准备好才问。当你觉得注意力不那么集中的时候，就可以问自己这三个问题，并且要认真回答。这种方法能够帮助你快速把注意力集中到当下。

一样的语言，产生的却是不一样的力量。

同样一句话，从不同的人口中说出来，会产生不一样的效果。语言是生产力。当你言出必行，有坚定的信念、坚决的态度时，大概率有人会坚定地跟随你。

"必须""一定""肯定"是很有力量的词语。有时候，我们需要运用此类有力量的词语。比如，一个人去相亲，和对方商量见面时间："明天早上9点见面吧！"对方回复说："我可能会赶到。"那么，对方到底是想见面还是不想见面呢？

如果对方见面意愿很强，那么他大概率会回复："我一定准时到，不见不散。"这句话说出来，就像给人吃了定心丸——人一定能见到。先不说双方后续发展如何，至少彼此之间会有一种确定性，第一印象一般会很好。如果有人向你表白，你是说"也许可以接受"，还是说"非常愿意接受"？不同的回答，确定性是不一样的。如果你真心喜欢对方，就回答得确切一些，这样双方都会很开心。

一样的态度，不一样的"全然相信"。

如果你要做一件事情，那么可以**提前对自己说："我一定要把这件事情做好。"**这句话很简单，但说和不说，结果可能很不一样。在做一件事情之前，要相信自己一定会做好。

我们做很多事情的成本是不太高的。一个人无论在什么时候都要对自己充满信心，我们可以对着镜子给自己打气："我一定能行！"如果你相信自己能够在晚上10点半之前睡觉，那么在晚上10点半之前，你会有意识地提醒自己早睡，并且会在早上起床后就思考怎样做事能保证自己晚上按时睡觉。

我们也可以将这种积极暗示用于工作中。在开工之前，你可以对自己说："我今天一定要认真工作。"这样你就有了认真工作的信念。而建立这个信念没有什么成本，却可以让你在一天中更加认真工作。

如果每天早上，你对自己说"今天我要精神抖擞地生活"，你就在心中建立了信念，建立这一信念的成本非常低，只要不断给自己打气即可，在一段时间之后，你的收获会非常大。

人的思想有排他性，一般一个时间点只能专注做一件事情。如果一个人脑袋中想的都是快乐、积极的事情，就一般不会被负面、消极的事情影响太多。我们应让自己忙起来，如果有时间停下来思考，应该多想未来的事情，而不要纠结过去。

时间过得很快，你已经读完了这节内容，希望你学到了一些东西。希望大家珍惜时间，从容生活，坚定地朝前走，书写多姿多彩的人生。

2.6　习惯是一种力量

2.6.1　关于习惯的基本法则

习惯是一种力量，可以理解为做事情的一种方式，而我们可以支配或者掌控自身的习惯。

关于习惯的基本法则有两个。

● **培养习惯的唯一方法是重复。**

培养习惯的关键，不在于时间长短，而在于重复的次数。因此，养成某种习惯需要不断练习。

不断练习，重复再重复，是养成习惯的不二法则。人们每天做同一件事情，慢慢会变成一种习惯。在现实生活中，小河流淌过的地方，会慢慢形成洼地；在折纸时，折一下，纸上就会有一条折痕，下次再折的时候，不需要费力，沿着折痕折就可以了，这其实是一种"走过"的路径。习惯在人的身上发生作用，方法和折纸一样，即将一件事情做一次再做一次，也就是重复。

重复足够多次，习惯的力量就会显现出来。要想激发更大的力量，你只需要持续重复。

● **改变旧习惯的唯一方法是培养新习惯。**

如果你觉得自己对时间的利用效率不高，那么十分有效的方法是培养一种新习惯，注意新习惯应该有利于提高做事效率。比如，你可以培养每天1小时语写1万字的习惯。

习惯的力量不可低估，它能够让一个人成功，也能够让一个人失败。它就像一个工具，你若把它用在好的地方，就是好习惯，会产生正向力量；你若把它用在不好的地方，则会产生负向力量。因此，不要说自己有什么坏习惯，而是需要思考自己怎样才能养成好习惯。

习惯是不会自行消失的。改变旧习惯的唯一方法是培养新习惯，减少关注旧习惯的时间。你要相信和做到一些自己原来不相信和不能做到的事情，也就是培养新习惯。一次、两次、三次……只要你重复新习惯足够多次，就会发现原来的那个"你"已越来越远，旧习惯已经被新习惯替代。

比如，一张纸被折了一下，之后折纸时总是按照折痕折，这就是旧习惯的重复。如果这张纸被折了两下，并且是按不同的方向折的，之后你折纸时会偏向较容易折的地方。换句话说，在开始培养新习惯时，较容易做的事更容易被重复。如果你不想依赖原来的折痕，就需要换个方向折一次，也就相当于建立新习惯。

在成功养成一个新习惯后，旧习惯就会被自动覆盖。如果你现在正在做非常有价值的事情，那些影响你的没有价值的事就会慢慢地被覆盖。

2.6.2　如何培养习惯

我们可以直接把关于习惯的基本法则拿来用，用它来指导自己的行为。

习惯往往通过不断重复某种行为获得。

专注是一种习惯，阅读是一种习惯，写作是一种习惯，早睡早起是一种习惯，早晚刷牙是一种习惯，快走是一种习惯，吃完饭立刻洗碗是一种习惯，赚钱是一种习惯，语写是一种习惯，记账是一种习惯，交朋友是一种习惯，打扮是一种习惯……

培养新习惯也是一种习惯。

你若认真思考一下，就会发现自己所做的所有事情都接近一种习惯。好习惯的养成，其实就是一个不断重复、不断强化的过程。

专注是一种习惯。

专注是把注意力集中在你想要实现的某个特定目标、想法、欲望上，直到找到实现的方法。

在做一件事情时，你只有相信自己能做成，才会一直找解决方案。专注力在人们的生活、学习、工作中起着非常重要的作用。你若一心找解决方案，就会竭力思考如何做、即将发生什么，更容易进入专注的状态。

我们应主动训练专注力。你若想变得专注，去做事就可以了，注意一次只做一件事情。每天将事情做到一定程度，专注就会变成一种习惯。

在训练专注力时，可以参考两个非常重要的原则：一是自我暗示，就是在训练之前，暗示自己"此时此刻我要做一件重要的事情"，不断进行强调；二是习惯性把事情做成，努力把事情做到最好。

阅读是一种习惯。

在培养阅读习惯之前，建议先做一件事：布置一个专门阅读的区域，面积不需要很大，因为只用来阅读。我在任何居住的场所里，一定会布置一个阅读的区域。

以前住集体宿舍，一个宿舍有十来个人，为了专心阅读，我专门花50元钱买了一张桌子。当时我还处于温饱阶段，这张桌子算是一大笔支出。那时候，我每次从图书馆借书回来，就会在桌子上看书。很快我就习惯了在那里看书，每次都能轻松进入阅读状态。

2.7　运用你的自制力

自制力和自律有所不同。自律指自我要求，一个人自己要求自己做某件事，如上课不说话、每天锻炼等；自制力指自我控制的能力，一个人控制自己不做某件事的能力，戒烟、改掉熬夜的习惯等都需要自制力。

运用自制力有四个前提条件。

● **充分了解。**

对于一种事物，要明确定义，了解其背后的原理。因为在充分了解某事物之后，你才能发现其原理背后的细节，这些细节是否能够准确把握，会带来很大的差距。我们要充分了解自制力是什么，以及在什么场景下运用。

如果你有一个坏习惯，你想要改掉它，那么这里建议采用的方式是培养一个好的新习惯。好习惯的养成需要时间，在它没有养成之前，坏习惯会继续存在。这中间有一个时间差，因此需要运用自制力，要求自己不做某件事。

在运用自制力时，不是说用就能用得上，大部分人需要主动训练才能发挥自制力的作用。充分发挥自制力的作用，要求自己不去做某件事，这有一定的难度。当你感知到一股强大的惯性力量推动你做某件事，你知道不好，尽力管住自己不做这件事，并且最终没有做时，就运用了自制力。

最好的情况是不需要运用自制力，也就是通过自律直接培养好的新习惯。在一些情况下，当不具备某些自律的条件或要素时，就要用到自制力。

● **适当放松。**

只有放松，才能有力出击。在运用自制力之前，我们应尽量达到比较放松的状态。你要想锻炼自制力，不要选择非常疲劳的时候，因为要求自己不做某件事，需要一定的意志力。

你可以对比一下自己早上和晚上做事的状态与效果。一般来说，早上要求自己做一件事，大概率可以完成；晚上要求自己做一件事，完成起来不是很轻松。有时候，我们会很晚刷剧、吃夜宵，这两件事都不是必须做的，也有人不想做，但往往控制不住自己，这实际上是想放松。因为工作了一天很累，在疲劳状态下，会忍不住去看个剧，吃点东西。

我不建议大家晚上做很费力的事，因为晚上一般比较疲劳，注意力没那么集中。在非常疲劳的时候，要想做好一件事或者做出正确的决定，是十分有难度的。我们最好在精神状态比较好的时候，认真考虑重要的事情，最终做出选择。

我们日常应适当放松，包括日间短暂休息，如工作1小时休息10分钟。适当放松对要求自己不做一件事非常有帮助。工作时间久了，比较容易走神，一旦走神，就可以让自己适当地放松一下。

- **有张有弛。**

当你要求自己不做某件事的时候，很可能会失败。你可以回想一下：过去有什么好习惯被成功养成了？有哪些想改掉坏习惯的行动失败了？自己当时是感到疲劳还是放松？

在日常生活中，我们要尽可能集中注意力做事。如果某段时间你实在无法集中注意力，那么可以停下来，让自己的身体得到充分休息，为再次前进积蓄力量。

若一个人能随时开始，也能随时停下，能全力以赴，也能身心松弛，则往往能走得更远。

有张有弛和握拳头一样。手慢慢握紧，力量会越来越大，力量大到极致，你就会自动放松。在日常生活中，我们往往处在张弛之间，既没有绝对放松，也没有绝对紧张。如果充分发挥自己的能力，我们可以做到绝对紧张或绝对放松，但是要懂得在到达极限之前停下来。

在紧张的时候，我们可以反复做握拳的动作，把注意力放在肌肉上，感受肌肉的收紧与放松。肌肉的放松会带来心理的放松，也可以将注意力拉回到当下。

● **觉知状态。**

你目前的状态是怎样的？是放松还是紧张？我们要随时觉知自己的状态。

如果你已经紧张到自己能承受的极限了，那么不管今天是星期几，有多少待做的工作，都必须拿出一点时间来放松。我们有时只需要休息十几分钟，就可以恢复到以往的状态。在遇到看似非常重要的事情时，我们要先思考以下问题：这件事重要到会改变一生吗？是下次还有机会，还是只有唯一的机会？如果你确定这件事极其重要，并且是此生唯一的机会，就拼尽全力去做。在每次紧张过后，我们要适当放松。

如果你此刻很放松，就应该"战斗"，启动手上待做的重要事情，向前走一步。

一个人的状态，并不取决于具体日期或者规则，而是取决于自身当下的感受。我们应时刻觉知自己的状态，觉知状态是觉察自己此时此刻是紧张还是放松。

如果要做一件有难度的事情，或者必须做一件自己并不喜欢且觉得不怎么好的事情，那么最好在处于轻松的状态时做。因为当意志力薄弱、特别紧张的时候去做比较难的事情，往往会以失败告终。这时我们可以选择一些积极的事情来做，比如阅读充满力量、可以锻炼意志力的书，观看激励人心的电影等。当状态不好的时候，我们可能没有太多意识去对进入大脑的信息进行筛选，应有意识地选择信息，让积极的内容进入大脑。

我们应在感觉疲劳之前就放松，不能累到极致再放松。就好像皮筋，反复拉伸到极致，会慢慢失去弹性；而如果没有拉伸到极致，往往能很好地恢复。

2.8　拥有隐形的进取心

2.8.1　进取心是什么

进取心指不安于现状，不断要求上进，立志有所作为的心理状态。它是一种无形的力量，看不见摸不着，却是人与人之间拉开差距的重要因素。

安于现状、不知进取的人往往不会取得高成就，而一个有崇高目标、期望成就大业的人，总是不停地超越自我，会逐渐与没有进取心的人拉开距离。进取心是事业成功的保证，也许短时间内效果不明显，但长期积极进取定会见到大成效，进取心发挥的作用可以长达30年甚至一辈子。

如果你想培养家中的孩子，那么让他学习什么样的知识，掌握什么样的技能，都不是唯一重要的因素，更重要的是让他保持进取心。如果你想成为领导者，那么一定要有进取心，它是培养领导才能的基本条件。

如果一个人只有在别人提出要求的时候才去做事情，那么他的进取心是不够的。拥有进取心的人，会在没有人要求的时候主动做事，并且做得还不错，同时会继续努力，力求做得更好。

进取心体现在方方面面。比如在考试中，没人要求得100分，但你的目标就是得100分，甚至掌握的知识点比考试涉及的更多。当然，如果试卷的满分是150分，那么你的目标就是拿到150分。

进取心是在学习时，遇到了不懂的内容，及时查漏补缺。

进取心是在工作中，你实际做的工作比要求的工作多得多。

进取心是老师要求每天语写1万字，而你会挑战每天语写10万字，甚至更多。

进取心是在日常生活中，你本来只需要做三件事，但是你会努力完成五件事，除了把事情多完成一些，还会主动思考什么事即将做，以及该如何完成。

我们唯一的限制就是脑海中的限制。**在生活和工作中，你觉得可以做多少，往往就能做多少，你觉得有无限可能，那么就有无限可能。**一个没有进取心的人，不太可能把握住人生当中的机会，很容易安于现状。

如果在很长一段时间，你没有取得较大的进步，那么可以问自己一句话：今天是否在没人要求的情况下，积极主动地做了一些事情？如果你有进取心，那么没有任何人要求，你也会主动做事，不断寻求突破。

拥有进取心的人会积极主动地追寻一些更好的方法和理念，让自己做得更好；拥有进取心的人在碰到困难的时候不会退缩，还会积极地去做更多困难的事情；拥有进取心的人就像拥有力量源泉，自身充满能量，会将其他人吸引过来。

2.8.2　如何培养进取心

进取心在生活中几乎是隐形的，我们很难看到。如果一个人总是在主动尝试做一些事情，他尝试不一定是为了什么结果，甚至有可能没有任何报酬，这就是进取心在驱动他行动。鲁迅先生说："不满足是向上的车轮。"我们应注重培养进取心。

如何培养进取心呢？可以采取以下三种方式。

第一，每天做一件事，这件事没人要求你，你要主动去完成。

没人要求你洗碗，你吃完饭就把碗洗了。

没人要求你上午写完作业，你早起后第一时间就把作业写完了，还把没要求完成的一部分写完了。

如果你希望自己做一件平时不想做的事，就可以把做这件事当成对进取心的锻炼，在没人要求你做这件事的时候，把它完成。我们要不断地刻意练习，直到积极进取成为习惯。

第二，去做对他人有价值的事情，不期望回报。

这一点可以体现在很多方面。

领导布置了一项任务，你不仅按要求完成了，还将这项任务思考得更完善、更周全，不过并不是任务完成得出色，领导就会给你涨工资、发奖金。

他人在社群里提问，你不仅回答了他的问题，还告诉他如何做可能会更好。

你坚持阅读、学习，有收获并进行复盘，不仅自己有较大的收获，还将主要收获分享到微信朋友圈，或者做了更多的动作。

你积极地做对他人有价值的事情，并不直接获得实际报酬，对此没抱期望。随着做的事情越来越多，你会收获很多：领导对你更加重视，同事、客户愿意和你合作，社群小伙伴想要和你交流，微信好友提出和你一起学习……大家看到了你的努力、进取心、价值，觉得和你合作做成事的概率会很高。

第三，每天坚持做一件事，将它的价值分享出去。

我们应每天坚持做一件事，如语写、阅读、运动等，做这件事没有报酬，但你认为它很重要，愿意积极去做，并且以此来锻炼自己的进取心。

同时，你会将自己的行动和收获分享给其他人，和朋友、同学组成学习小组，相互鼓励，共同进步。

比如，你可以每天坚持写一篇文章，不一定立刻有报酬，甚至几年都不会有报酬，但如果想做个人品牌，那么坚持写文章，分享收获，提供价值，是十分有效的方式之一。同时，你写下的文字将穿越时空，也许多年后，有人看到你写下的文字，深受启发，开始行动，做成了一些事情。

我们要培养进取心，保护进取心，在没人要求的时候，积极主动地去做一些事。

进取心虽然是隐形的，却可以影响我们一生。

2.9　语言的力量

2.9.1　语言是生产力

语言是有力量的。有一些话，你一看到，就觉得充满力量，你一想起就觉得很有收获。我们平时可以花一些时间将自己喜欢的句子记录下来，它们在关键时刻可以派上大用场。

在碰到困难与问题，人生不是那么顺的时候，看看这些句子，它们会成为一把把钥匙，打开你身上无形的财富大门，激发你的行动力，帮助你更快恢复并重新崛起。

若你记住了"不说问题，说解决方案"，当碰到问题时你就不会感到害怕，不会干等着问题消失，而是会主动寻找解决方案。有人说解决方案本身没那么重要，也许找到的时候问题已经消失了，其无用武之地。解决方案真的不重要吗？不是的。我们要拥有寻找解决方案的态度和思路，主动寻找解决方案，并且知道如何寻找解决方案。

每个人在生活中都可能碰到一些问题，会觉得有心无力，但是只要你记住"不说问题，说解决方案"，就会确信任何问题都有解决方案，并且会马上开始行动。问题放在那里，真的会自己解决吗？不会的，没有问题是只要放在那里就能解决的，它会换一个样子出现在你的生活中。

我们要积极进取，在问题出现之前就应想到解决方案。也就是说，平时没有碰到问题的时候，就已经在思考万一碰到问题应如何解决。这样在问题出现的时候，便能快速拿出事前想好的解决方案，而不是当天或者事后再寻找解决方案。我们应努力做到"忙而不乱，慌而不惊"，在问题出现前，就已经把解决方案想好了。

────────────

若你记住了"目标制定的时候，就已经完成了"，就会在目标制定的那一刻，不仅定下一个目标，还有了实现目标的决心及全力以赴的状态。最后有没有可能完不成目标呢？有可能。因为变化随时会发生，但是你一定要全力以赴，尽可能把事情完成，最后可能没完成，但不会完全没做。

若你记住了"人们只能帮助目标明确的人"，就会知道如果自己没有明确的目标，那么没有人能帮助自己。

就好像买机票，重要的是明确自己要去哪里，有了明确的目的地，不管是大城市还是偏远小城，都有抵达的具体路径。如果你不知道自己要去哪里，或者还在几个目的地之间徘徊，那么别人想帮你规划线路也做不到。我们要有明确的目标和坚决的态度。只要确定去哪里，总有一种方式可以抵达。

一个有明确目标的人，尽管能力一般，但只要目的地确定了，就能规划具体的路径，再加上不断努力，目的地总有一天会抵达。不管一个人能力强弱，只要意志足够坚定，态度足够坚决，其目标大概率会达成。一个没有明确目标的人，往往很难把一个念头转化为具体的行动，大家也很难给他提供帮助。

2.9.2　用语言培养积极心态

有一种让自己充满力量的非常实用的方法每天都可以使用，而且行动成本很低，这种方法就是找三五句自己喜欢的积极的句子，每天给自己暗示。这些句子可以是——

当你态度坚决时，其他人会跟着你一起态度坚决。

世界上只有想不到的事，没有做不到的事；世界上只有想不通的人，没有走不通的路。

你脑海中唯一的限制，就是你给自己设定的限制。

好的计划是在变化发生前，就预想到可能的变化。

目标是用来完成的，生活是用来践行的。

你怎样想，你就是怎样的人。

有了坚定的意志，就等于给我们添了一对翅膀。

……

我们可以把这些充满力量的句子记在心里，早上起床穿衣服或洗脸刷牙的时候都可以默念，感受它们在自己的脑海中流动，逐渐拥有积极向上的力量。

要尽可能去找充满力量的句子，让自己觉得充满希望。

如果每天一早，你的脑海里产生的不是积极的暗示，而是今天好多事、好多问题、好多困难等消极的念头，这一天可能就会过得有点难。

一天开始时，第一个 1% 的时间（起床后约 15 分钟）极其重要，那时的念头决定了当天的效率。当你以积极的心态去过好一天时，即便这一天客观因素并不尽如人意，也可以很好地掌控自己的一天。

———————————

开心与不开心，就在转念之间。有这样一则故事：一位老人有两个孩子，大女儿卖雨伞，小女儿卖遮阳帽。下雨的时候，老人想："下雨了，我小女儿的遮阳帽卖不出去了。"天晴的时候，老人想："天晴了，我大女儿的雨伞卖不出了。"后来有一个人对她说："下雨的时候，你大女儿的雨伞卖得好；天晴的时候，你小女儿的遮阳帽卖得好。"老人听后觉得很有道理，从那以后每天都很开心。

一个人是觉得人生充满希望，还是觉得这辈子就这样了，既不在于其实际年龄，也不在于其目前所处的位置，而在于此时此刻其脑海中的念头是积极的还是消极的。只要你觉得人生充满希望，就可以做很多事情。若晚上9点你还觉得这一天充满希望，在年老时还觉得人生充满希望，那么定会抓紧时间做一些事，从而你的今天、今生真的充满希望。

我们在不同的时间，或者在每次走神的时候，选择自己喜欢的有力量的句子，在心里默念一遍，给自己一些暗示，就可以在一天中保持积极的心态。

如果环境允许，那么还可以加一个动作，就是用拳头做加油的动作，提升内在的力量。当你需要调整状态的时候，就可以运用积极的语言和动作。环境不允许的时候在脑海里默念积极的句子，环境允许的时候可以在默念的同时加一两个动作。

当然，并不是记住了这些话，自己的状态变好了，就不用做事情了。我们除了在起床后进行自我激励练习，也可以利用一天中的碎片化时间做一些日常练习，如自我暗示练习、集中注意力练习。

我们应熟练地掌握这种方法，及时调整自己的状态，在走神时第一时间将自己拉回来。这需要在日常进行练习，如果没有练习过，那么可能要花很长时间才能做到。拿写作来说，1秒钟进入写作状态和5分钟进入写作状态相比，前者会让你的效率高很多。

2.10　随时可以说"我是这么看的……"

人们对一件事情的看法常常会发生变化，当下的看法并不等于永恒的看法。**你随时可以说"我是这么看的……"，积极表达你现在的看法和理念。**当然你现在这么看，并不表示以后也这么看，看法是会发生变化的。

有人在语写时常常感觉自己很容易从一个主题写到另一个主题，特别容易跑题。"跑题"是在所难免的，有时候制订了计划，但事情真的会按照计划发展吗？实际上不是的。我们的想法随时会发生变化，因此在发表意见时只表达当下真实的想法就行。

比如，我说"如果一件事要做很久，那么需要处于轻松的状态才能坚持下去"，这仅代表我当下的看法，至于以后看法会不会改变，我自己也不知道。

在学习语写时，一般会经历两个阶段。第一个阶段，不知道自己在写什么，写得乱七八糟，完全不能看，这时正处于磨合期。这个阶段不必回顾，争取尽快度过磨合期。第二个阶段，磨合得差不多了，输入法"懂你"，你也懂得怎么发音，这时候正确率很高，可以接着去关注内容了。你会沉浸在自己输出的内容中，你可以看看自己输出的内容在多年之后是否还用得上。

在最初学习语写时，如果写不到 1 万字，那么可以借助"我是这么看的……"，即看看你周边有什么，环境是什么样的，身边有什么人，他们在做什么事情，然后加上自己的观点。

我们还可以直接把"我是这么看的……"作为语写主题。我是这么看的，语写最好早上进行，最好起床后就进行语写，在语写过程中要保持专注，完成之后再做其他事情。如果有新想法，则可以进行补充。

2.10.1　创造力之约

我认为，人和人之间最主要的区别在于思想。我们来一场

"创造力之约"——把今天变成与众不同的一天。思考一下，今天做一件什么样的事情，会让你觉得今天与以往有点不一样？不用做什么惊天动地的大事，只要与以往有点不一样就可以。我们只需要有意识地做一点和平时不一样的事情。

这个"有意识"不是特意做多么与众不同的事，而是要求我们带着觉知且集中注意力做一件与以往不一样的事情。在生活中，很多动作是我们的自动反应，不需要调动注意力，但如果需要稍微改变一下，做与以往不一样的事情，则需要调动注意力。

比如吃饭，如果你之前习惯先在碗里盛上米饭，再夹菜，那么下次可以先把菜夹到碗里，再盛米饭，这样饭吃到一半，突然看到下面有菜，会有惊喜之感。

又如买东西，你喜欢某种颜色，一直买同一颜色的物品，下次不妨换一种自己之前不会考虑的颜色，刻意制造一些生活中的小乐趣。

这场"创造力之约"就是调动注意力做一件和平时不一样的事情。这不同于自动反应，自动反应是指不需要任何思考，就自动采取行动做了某事。"创造力之约"要求我们带着觉知和意识去做事，主动思考如何和平时不一样，有意识地做一件事。比如，小朋友坐在儿童车里玩，一般大人会往前推，那么下次可以往后倒一点再往前推。我们还可以试着去认识一些不需要花费太多时间和精力就可以认识的事物。

2.10.2　阅读规则："我是这么看的……"

有一种方法能让你爱上读书。

请从家中找出一本书，这本书应符合两个要求：一是最好在家里放了一年以上，但从来没有翻开过；二是很多人向你推荐过，都说很好。你将书拿出来以后任意翻开一页，读一读，如果喜欢，就接着读；如果不喜欢，就把书放回去。你家中有从来没有翻开过的书吗？

如果你不知道如何选书，那么可以参考这一选书原则：看到一本书，翻开其中一页读完，如果很感兴趣，就把书买回去；而如果觉得写得不好，就不买。

设定规则不是为了选出最好的，而是为了选出合适的。大家以后读书时可以参考"我是这么看的……"规则，先读家里已经有的书，在把家里的书读完之前，其他的书尽量不读。

阅读没有什么特殊的技巧，十分简单——拿出一本书，翻开一页开始读。

如果你不知道一本书好不好，那么可以快速翻一翻，看目录和字号较大的部分。如果那些大字能吸引你，就可以继续看；反之就不要看了，把那本书放一边，送人也可以。

你也可以买回一本书，订下一年后某天开始阅读的计划，到时候一定要打开。提前买暂时不读的书也是一种围书方法。没人规定一本书拿到手必须马上看，很多时候，我们都是听说一本好书后就去买，等拿到书的时候就把书放到了一边。当放了很长时间之后，可能就会忘记自己买过这本书。有一天，突然想起来这本书当初很多人推荐，看了介绍之后也觉得很好，就买了回来。于是，你可能抓紧时间开始看，当然，也有可能一直不去看。

不是每本书都有用，只能说你若一直坚持阅读，一定会从某本书中有所收获。这种收获可能不是普通的收获，而是会影响生命进程的收获。

什么是"影响生命进程"？你在生活中有没有觉醒时刻？就是某一时刻，你领悟到一个道理，突然灵光一闪，马上去实践，不仅自己实践，还分享给更多人。我也希望我提供的服务、写下的书及直播的内容能够影响一部分人，在一些人生命的某些时刻，能够帮助他们更好地做出重大决策。

2.11　自动反应

2.11.1　自动反应是什么

自动反应是一种行动，在某个场景或遇到某种情况时，不需要思考就自动开始行动。

自动反应和本能不太一样，本能可以理解为天性，是不学而能的行为，是下意识的反应或举动。自动反应和条件反射也不一样，条件反射是一旦触发条件，生理上必然会产生反应。本能和条件反射不需要思考就会做出反应,需要立刻满足。

自动反应不一定要立刻满足，不做对整体影响也不大。

比如洗碗，很多人不喜欢洗碗，要等到不得不洗碗的时候才会动手，这时候可以运用自动反应，把放下筷子作为洗碗的触发条件，一家人都放下筷子后，马上收拾桌子，开始洗碗。实际上，一天不洗碗对生活没有根本性的影响，只是心里可能有些不舒服。

通常需要设定自动反应机制的事情具备两个要素。

一是自己觉得必须做，虽然暂时不做对生活没有太大影响，但是自己会不舒服。

二是有难度，经常不想做。

正因为不得不做，又不想做，我们才需要提前设定自动反应机制，一旦触发条件马上就去做。

我们要明确要做的事情，事前思考并将要做的事情拆解成一连串的动作，设定触发条件，达到条件自动开始行动。一吃完饭就洗碗，一翻开书就阅读，一到办公室就打开电脑……这些都是可以设定的自动反应机制。

若自动反应持续稳定地实践，则可以变成一种习惯，并无限接近本能。

2.11.2　自动反应最大的作用：预知未来

如果你想长期做一件事情，就应该培养相关习惯，直到其变成自动反应，并且要预先建立做事的原则。这样在今后遇到类似的情况时，不需要思考就能自动行动。

自动反应有点像运行程序，在事情发生之前，就给自己设定条件，到什么时间做什么事情，遇到什么时开始做某事，碰到谁说什么话等。比如，出门前就知道目的地是哪儿，什么时候抵达；在开始语写的那一刻，就知道若持续写，什么时候能写完。

自动反应最大的作用是帮我们在日常生活中提前预知未来。如果没有设定自动反应机制，有些事情就可能不能及时做完；如果设定了自动反应机制，一触发条件就自动采取行动，心中清晰地知道"什么时间该做什么事情"。

2.11.3　自动反应的应用实例

● **语写。**

语写往往不是有了灵感才开始，而是在某种情况下自动开始，如每天下午3点都写一段文字。"下午5点前必须写完1万字"不属于自动反应，而是结果。如果设定自动反应机制，则应该是"下午4点打开语写App"，这样大概率能够保证在下午5点前完成1万字。

● **早起**。

设定好起床时间和做好起床后的安排，前一天晚上入睡前在脑海中重复自己的计划：早上6点起床，起床后马上叠好被子，完成洗漱，接着坐到书桌前看书。

这是将自我暗示和自动反应相结合，暗示到位，第二天早上不需要闹钟，6点就会自然醒来，精神状态通常也不错。

● **洗漱**。

早上或晚上的洗漱时间要控制在几分钟以内，做之前就设定自动反应机制，以更好地把控时间。

● **时间规划**。

时间可以分割成一段一段的，如何利用各段时间需要做好具体规划，如安排好明天上午做什么、下午做什么及晚上做什么。尽管明天还没到来，但在规划时就已经充分感觉到自己在做，对明天进行了预演。这样到了第二天，就能自动执行设定好的任务。

　　自动反应是可以快速提高做事效率的方式之一，为了把它变成具体行动，我们可以选择对几件事情设定自动反应机制。这几件事情属于生活中必须做的，不做可能暂时没有太大影响，但及时做了我们会更开心，会有很多收获。需要注意的是，满足了触发条件就要马上执行。

2.11.4　如何用自动反应引导自身状态变好

　　有时我们会说自己"精神状态不好""状态不好，什么都不想做"，但如果真的什么都不做，那么状态会更加不好。

　　那么，我们应该怎样做呢？可以用自动反应引导自身状态变好，给自己设定一个自动反应机制：

　　如果状态不好，就去……

　　当状态不好时，立刻做一个积极向上的动作，状态就可能变好。其背后的原理是行动引发行动，一个行动引发下一个行动，一个动作引发另一个动作。比如，当伤心的时候，打电话给一个共情能力强、积极向上的朋友，在聊完之后，状态大概率会变好。不需要思考和朋友聊什么，也不需要想"聊完之后自己的状态会不会变好"，只要和对方放松地聊聊天就行。此外，在状态不好的时候也可以语写，语写完之后情绪会得到缓解，从而可以更好地拥抱生活中的美好。

高手会想办法调动自身精神力量做事，不用等到状态好了才去做。若想调整自己的状态，则可以用行动引发行动。只要开始有所行动，就会引发一系列行动，人的状态就会发生改变。

总之，我们可以**用行动创造想要的生活**。

2.12　让生活成为自己想要的样子

2.12.1　如何让生活成为自己想要的样子

要想让生活成为自己想要的样子，应尽量做到以下几点。

第一，明确自己想要的生活是什么样子的。

第二，设定开始行动的时间，明确是明天开始做，三个月后开始做，还是五年后再做。

第三，规划一项立刻就可以采取的行动。

第四，坚定信念，在每天睡觉前和起床后，清晰地说出自己的目标。

第五，不断构想实现目标的路径，不断优化，直到做到。

如果你的目标是10年赚10亿元，那么应思考实现目标的路径：在哪个城市？进入哪个行业？提供什么价值？解决什么问题？如何行动？……

我们要时刻记得自己的目标，并且不断构想实现路径，建立坚定的信念。坚定的信念是事情做成的保证。如果开始行动时没有坚定的信念，若中途遇到"红灯"，则大概率不会继续前行。如果你具有坚定的信念，清晰地知道"出门"的目标，那么不管天气如何，以及什么路况，都会继续前行，直到抵达目的地。

没有明确目标的人，一旦碰到困难，就会觉得眼前的困难是巨大的困难，今天累了、明天感冒了、后天吹风了等都会成为停下来的理由。过段时间，他们甚至有可能忘记长期目标。

有明确目标的人往往可以把很多事情做成。他们设定的完成目标的时间可能是10年、20年，在碰到问题时，他们会积极地想办法。他们知道和很多难题比起来，眼前的困难与问题根本微不足道。

2.12.2　让生活成为自己想要的样子，可以从改变环境开始

"让生活成为自己想要的样子"是说要以自己喜欢的方式生活，而环境是成就我们最重要的因素之一。因此，让生活成为自己想要的样子，可以从改变环境开始。

身处一个山清水秀的地方，我们的心情通常会很愉快、很放松，那么如果身在城市，就不能让自己放松了吗？当然不是，我们可以随时寻找或创造能够让自己放松的环境，比如布置一间舒适的书房。

回忆一下过去的10年，你生活的环境改变了吗？如果你处于成长期，那么通常你生活的环境隔几年就会有较大的变化。当成长到某个年龄段之后，生活的环境就会稳定下来。比如，一些大学毕业生每一两年就会换一个环境，原因包括工作变动、结婚生子等。等他们生活稳定以后，环境变化就比较慢了。

我们可以从几个维度来理解环境。

外在环境是指我们身处的环境，也就是生活、工作、学习的环境。我们很难在短期内改变外在环境，但长期是可以的。比如你租了一套房子，房主同意你根据个人喜好对它进行装修。如果你只计划居住几个月，那么一般不会花钱改变它；如果你计划居住10年以上，那么你可能愿意进行装修，以让自己住得更舒服。

外在环境还包括你所处的线上社群。换一个群，就相当于换一种风格，不同群之间的风格差异很大。我们可以按照自己的喜好和习惯改变长期生活的环境，以让自己生活得轻松、愉悦。

内在环境是指你的思维和认知。请想一想，每次学东西，会不会和开始期望的一样发生变化？能不能接受过去10年都不能接受的方法或理论？10年前接触的方法或理论，有没有坚持运用？内在环境会随着你的思维和认知的改变而改变。

主观环境是指我们脑海中看不见、摸不着，却能真实感受到的环境。如果你站在马路上向前看，那么看到的是步履匆匆、为生活积极奋斗的人，还是悠闲自在、和朋友逛街聊天的人？这取决于你的思路，答案是你的主观环境投射出来的。

———————————

在日常生活中，要有意识地观察自己喜欢什么样的环境。

短期内，可能无法改变环境，但是可以引导环境。比如，周围的人不喜欢学习，如果能找到喜欢学习的人，让他们带领大家一起学习，就引导了环境。

控制环境是指留下喜欢的，去除不喜欢的。

加入一个社群，群里有很厉害的"大神"，这是外在环境。你可能产生两种想法：一种是"大神"太厉害了，我只能仰望；另一种是"大神"好厉害，我也要变得像他一样厉害。这是主观环境。外在环境对人的影响是外在的，你可以有主观决定，并且控制自己的想法，这是主观环境在起作用。

再举个例子，你所在的城市有没有特定的标签呢？我来到深圳的时候，很多朋友说到深圳就等于来"搞钱"。深圳的"搞钱"品牌已经深入人心，这是这个城市的人、各家媒体及不在深圳的人共同塑造出来的。在深圳的人觉得聚会的时候聊"搞钱"是很正常的，这是环境对人的影响。

在其他地方，大家一样在赚钱，也会聊"搞钱"，但不一定会形成标签。就好像你身边一定有很多爱学习的人，但他们不会将"爱学习"贴在身上。如果平时不注意，你可能不会关注他们，但要是谈到"爱学习"这一话题，就会想起他们。爱学习的人会吸引同样爱学习的人。

2.12.3　从力所能及的行动开始改变环境

改变环境并不能在非常短的时间内做到。比如搬家，从准备搬，到正式搬，再到搬完之后做好物品整理，一般需要三五天。但可以选择做力所能及的事，马上开始行动。

比如，可以将家里的桌子稍微移动位置，布置一个阅读区域。阅读区域不用很大，房间的一角就可以，只要有一张桌子就能满足基本需要。这样就不需要再在餐桌上、沙发上、床上阅读了。我们不是不能在这些地方阅读，只是每次想阅读的时候要做一系列准备工作，会影响阅读的状态和心情，也可能会因为太麻烦而不阅读了。但如果有一个专门的阅读区域，坐在那里马上就能够进入状态，可以大大提高阅读效率。

环境能改变我们，我们也可以主动改变环境，给自己创造舒适的环境。**让生活成为自己想要的样子，不能仅基于想象，而是要做一个又一个动作。**听到、看到、感觉到和做到是完全不一样的，只有真正动手去做，才能把事情搞定。很多时候之所以没有把事情做完，不在于事情本身有一定的难度，而是因为没有全力以赴。

我们应明确自己想要的生活，充分利用现有的环境、资源、能力，长期努力，主动做力所能及的事情。

2.13 数量翻倍是一种解决方案

2.13.1 什么是数量翻倍

在日常生活中,当遇到一些问题时,数量翻倍是一种解决方案。翻多少倍呢?翻多少倍都可以,可以翻1倍、10倍、100倍……

在做一件事时,觉得1天时间不够用,那么1年时间够用吗?10年时间、50年时间够用吗?只要不断把时间翻倍,就会发现时间大概率是够用的。

如果觉得钱不够花,那么金钱翻10倍、100倍够花吗?翻倍的金钱若能解决目前的问题,这就是一种解决方案,接下来就要想办法赚到这么多钱。如果翻数倍的金钱解决不了目前的问题，那么应该从其他角度寻找解决方案。

有些人在进行语写训练时，每天语写1万字感觉成长速度不够快，那么将训练量翻倍，变成每天语写2万字，甚至每天语写10万字，成长速度会不会快一点呢？在没有做到之前，可能不知道答案，但可以将其作为一种解决方案去尝试。

如果觉得自己的阅读量不够，原来每天看半小时书，那么每天看2小时书或者每天看4小时书就是一种解决方案。阅读可以为我们带来更多的思路，从而对未来产生一些影响。

在哪些事情上投入多一点会更有收获呢？我建议把数量翻倍第一用在写作上，第二用在阅读上，第三用在赚钱上。

我们可以将数量翻倍用于做有价值的事情。事情值不值得做不需要自己评判，可以看历史上是否有人做到，并且穿越了时间周期。

很多事情的发展节奏和小朋友的成长节奏一样。一开始小朋友什么都不懂，让他做事情难度很大，如果等小朋友20年、30年，他们就会成长很多。一般来说，20～30岁的人已学到很多知识和技能，并且懂得了很多道理。人的成长需要一些时间。

2.13.2　哪些事情可以使用"数量翻倍"

思考一下：哪些事情若数量翻倍，就可以解决90%以上的问题？

在时间维度上，将你的出生年份加上100年，再减去现在的年份，就是你能使用的时间总量。如果这个时间总量翻1倍（实际上不可能），你目前碰到的问题可以解决吗？如果你能够解决其中的90%及以上，那就不是时间总量的问题，而是需要提高时间效率。

在金钱维度上，可以在现有收入的基础上估算未来的收入，也就是将收入翻倍。比如，现在月薪1万元，那么10年后月薪20万元或者200万元能不能解决现在的问题呢？如果月薪200万元，那么1年收入2400万元，生活中很多问题都可以解决。

如果想用数量翻倍这种解决方案解决问题，就把它写到计划里。在写下这个解决方案之后，想象事情已经发生，比如10年后的今天，收入翻了200倍，目前的问题已经不再是问题，那么具体解决问题的路径其实已经比较清晰了，接下来应该思考什么样的路径能够让收入翻倍。接下来要制订严格的计划，并通过时间价值的增加，真正在生活中做到。

如果你感觉成长速度不快，又不知道能做什么，那么可以试着去提高阅读量和写作量。

阅读和写作能帮助我们更好地认识自己、看清世界。我们可以在阅读和写作中成长，它们可以让我们的生活变得充实。阅读和写作是创造财富的基础能力。金钱可能因为运气好多赚一点，也可能因为运气不好随风而去，但你获得财富的能力是不会消失的。

我们可以把数量翻倍这一解决方案放在日常生活中，如财富翻倍、写作量翻倍、阅读量翻倍等。单身的人要想找到心仪的对象，可以让自己见异性的数量翻倍，本来10天见1个人，可以变成3天见1个人，甚至1天见1个人。如果单身的人1年能够见300多人，那么找到自己心仪的对象的概率会很高。

如果你目前有什么问题不能解决，就可以想想：是不是可以多做几遍？是不是可以投入翻倍的资源？

数量翻倍是一种解决方案，可以解决很多问题。比如，阅读翻倍可以解决很多思维上的问题；写作翻倍可以解决很多传播上的问题；收入翻倍可以解决很多生活中的问题。

2.13.3　长时间、大范围平衡

　　翻倍适用于很多事，如写作、阅读、学习、赚钱等，也有一些事情不适宜翻倍，如吃饭等。翻倍应适当，金钱多自然很好，但也不能将所有时间都花在赚钱上，应该尽力平衡好工作和生活。

　　在《时间记录：数据反映行为，行为改变数据》中，我写道：

> "长周期的平衡，是指在学习成长、工作事业、社会交际、家庭生活、健康休闲、睡眠时间等多个维度上做到长时间、大范围的平衡，这一点很重要。"

　　什么是长时间？长时间是指从出生那一天算起，至100岁。

　　什么是大范围？工作、成长、生活、社交、休闲娱乐、健康等各个方面。

　　长时间、大范围的平衡，就是从现在到100岁，人生的各个方面都达到平衡。有些维度短期内不关注，影响不大，但长期不关注，或多或少会有一些影响。比如阅读，三五天不看书没有什么影响，三五个月可能也还好，但若三五年不看书，多少会出现一些问题。这些问题看似不是真正的大问题，但是极可能会影响一个人的长远发展。

　　要想做到长时间、大范围的平衡，各个维度在以"年"为单位的时间内，差距不能太大。如果想在某个维度上加大投入，则要考虑如何平衡好各个维度。

2.14　和一群人一起成长

2.14.1　找一个榜样

如果你想成为某一类人，最好找一个榜样。

"时间记录"理论来源于柳比歇夫，他从 1916 年到 1972 年，记录了 56 年。他是时间记录领域鼻祖级的人物。我延伸了时间记录体系，即《时间记录：数据反映行为，行为改变数据》一书中提到的体系，并且创造了时间统计 App。

语写体系是我的原创，是一种刻意练习和进步的方式。语写体系是基于时间记录体系的。柳比歇夫当年做时间统计，源自他 26 岁那年，觉得自己这辈子一定要完成一个梦想：创建自然分类法。时间记录是为了做成另一件伟大的事情。因此，我也许下心愿，要通过时间记录做成另一件事。因为时间利用得好，不能证明时间记录很好，必须通过利用好时间做好另一件事，从而证明时间记录可以被利用得好，时间记录体系的确很好。

语写可以自生长，不管你多厉害，都无法完全挖掘它的潜力。你若坚持练习，就会觉得语写的魅力太大了。当达到一定境界，觉得自己学得差不多了时，一旦碰到语写高手，就会觉得自己还有很大的提升空间。进行语写练习会快速提升逻辑思维能力和表达能力。

2.14.2　物理接近

当看到一种事物时，不应只是看到，而是应尽量去接近它。**物理接近是指在物理上接近自己喜欢的、想要的事物，获得真实的近在咫尺的感觉，激发自己的内在驱动力。**在现实生活中，参观名人故居、观赏大师级的作品都属于物理接近。

物理接近是达成愿望的一种方法，使人看到了实现目标的可能性，很多东西不再遥不可及。一个特别厉害的人，即传说中的"大神"，在接近他后就会发现这个人和我们一样，会饿、会累，并没有传说中那么遥不可及。

可以的话，一定要物理接近某事物，一定要看到好东西，一定要去高手聚集的地方。

有的小伙伴觉得自己在小城镇，没有机会实现物理接近。在互联网时代，物理接近比原来容易许多。比如，大家可以看高手分享的视频，可以模仿其语音语调，这属于"互联网"接近。以前物理接近一定要看到人，或者去某个地方，如今很方便，很多高手推出了课程，只要学会搜索，就能通过课程学习实现"互联网"接近，如果之后有相关活动，就可以参加高手组织的线下活动，这在很大程度上提高了物理接近的概率。

元宇宙时代来临，现在很多时候我们都是进入一个场域，老师在分享，学生分布在各个地方。在一个虚拟教室里，学生听老师授课，还可以表达自己的观点，老师也可以随时回复。这就是虚拟环境中的接近。

2.14.3　圈子定律

很多事情，一个人做，没什么意思，一群人做就会很有意思，健身、写作、阅读等大都如此。就好像小朋友在一起，一个小朋友做一个动作，其他小朋友会进行模仿。

在不同的场域，做不同的事情。我们在什么环境中，往往就会做什么事情。比如，和好朋友定期分享阅读心得，选择学习的场域，在这里聊的都是阅读、学习、成长话题。活动一结束，出门聚个餐，到了餐厅里，聊的都是美食。你可以在你的圈子里找出几个十分优秀的人，定期向他们学习，不定期拜访，这是非常好的学习方式。

成长的方式有很多种，融入圈子是十分有效的一种。有些人会定期举办交流分享会，有些人经常一起读书，有些人经常一起打球，这些都属于在一个圈子里成长。每个圈子都有特定的交流频率和特定的交流方式。在语写圈子里，大家的习惯是每天写1万字，交流的导入语是"今天的1万字写完了吗？"还可能是"今天读书了吗？"

––––––––––––––––––

很多时候，学习成长不是必要的。若一天不读书，不会觉得自己和他人有什么差别，两天不读书也不会觉得，那么一个月呢？一个月不读书问题也不大，但在三五年的时间维度上，经常读书的人和不读书的人差别往往比较大。如果想养成一个好习惯，最好提前确认自己是否在相关圈子里。

生活中有不同的圈子，每个人都身处很多圈子。游泳圈、乒乓球圈、羽毛球圈、阅读圈、语写圈、书评圈、影视圈、直播圈、跑步圈……你有多少个圈子，可以估计一下，看看自己的参与度，评估自己在哪些圈子中更容易成长。

加入圈子，有时候要看一些机缘。圈子中有丰富多彩的活动，会让你的生活变得十分有趣。在一个圈子里，大家一起走的时候，步调要尽量一致，这样大家才能一起走得更远。若老师成长快，学生跟不上，那么学生很可能不会继续跟，而是去寻找其他合适的老师。有时候，如果学生特别优秀，也会离开目前的老师，去寻找更好的老师。

在大部分圈子中，大家能够一起走三年以上，是非常有缘分的。语写圈就是一个非常小众的圈子，一群人每天一起练习语写，不少外行人不明白他们在做什么。在语写圈子中，大家会不断探索、进步，努力做到持续稳定，遇到问题就一起讨论，找原因、找方法。这就好像不同的人对待吃饭的态度，有的人认为吃饱就好，有的人讲究营养搭配，有的人追求色香味俱全，不同的人有不同的看法，看法相似的人会聚集在一起，从而形成圈子。

生命影响生命。圈子往往是一个人影响很多人。"圈主"的个人特质十分重要，这决定了他是否能将大家聚集到一起做一件事情。

2.14.4 互相筛选

我的直播有一段时间安排在早上6点半，刚开始只有几个人观看。在我坚持直播一段时间后，早上观看直播的人慢慢多了起来。人不用太多，一群积极的小伙伴一起往前走就很好。

有时候，我不用说很多话，一句话就能吸引不少人。为了互相成就，我和学员之间有一个相互筛选的过程。如果我提供的是他很想要而其他人提供不了的，我们之间就可以很快达成"合作"。

我们每个人都要对自己负责。我花费时间提供服务，希望学员们成长起来，以后可以走得更远。我也希望学员们在我这里花费时间不太多，但学到的东西比较多，我也实现了自己的价值。这是一个互相成就的过程。

我希望给学员带来的是深远的、长久的影响，不是浅显的、短期的。这些深远的影响在日常生活中也许不被关注，但是在关键时刻能够被想起并带给人力量。

成年人的世界是互相选择的世界。很多人都在努力快速成长起来。老师快速成长起来后，学生才有希望成长；老师不成长，学生会找别的老师让自己快速成长起来。

人活一世，不一定要认识很多人，只要有一些志同道合的朋友和你一起走就好。有一个圈子，不是很大，大家一起学习成长，一起分享信息，一起前行，是一件幸事。

经过一次又一次筛选，有些人可能错过一些机会，错过就错过了，谈不上是好还是坏，还会有其他机会。就好像两个相互喜欢的人，如果没有结婚，也不一定是不喜欢了，只是因为双方节奏不匹配，就这么错过了。

你能否成长起来，并不会影响其他人成长。你变得优秀，不会影响其他人优秀；你快速成长，前面还会有更优秀的人。在生活中，我们只管往前走就行了。

第 3 章
行动让时间有产出

3.1　巨大的决心

3.1.1　决心就是你的生命力

决心就是拿定主意，坚定意志，利用当下所有的资源去做一件事。巨大的决心代表我们做事情的力量。

当你下定决心的时候，就意味着你将竭尽全力利用自己目前所有的资源和能量去做一件事。你要先从自身出发，使用自身所有的力量把事情做到位，再想办法使用周边的力量，争取外界的资源，为他人提供更多价值。

决心看不见、摸不着，却有蓬勃的生命力。以大厦和蘑菇为例，大厦很容易看见，而蘑菇要凑近才能注意到。但只要走到蘑菇旁，你就能感受到其内在的成长动力，就能感受到它在拼尽全力生长。

巨大的决心就像蘑菇，关键不在于力量的大小，而在于自己是否拼尽全力茁壮成长。蘑菇很小，不管它是长在高山还是长在原野，我们都能感受到它的生命力。不管风吹雨打，不管环境如何变化，这种力量都从未消失。

无论你是处于一线城市还是无名小镇，在做事情时如果不下定决心，成功的希望就非常渺茫。当你有巨大的决心时，事情才容易被做成。我们要用现有资源去创造，用有限的力量把事情做到极致。

决心对拥有的人来说，有是否巨大之说；但对其他人来说，却没有是否巨大之说。如果你想成长，下定决心成长就好，不用告诉别人你要怎么做。一个人成长起来并不是一件轻松的事情，也不会一帆风顺。就像蘑菇，大风一吹，就可能把它卷走；一个人走过，可能把它踩扁。在刚开始学习一项新技能时，如果周围的人不理解你、质疑你，那么很容易把你打倒。不要去管那些声音，如果别人说一件事情不能做，你就真的不做了，那么你会失去很多种可能。

如果有人觉得学习这项技能没有用，也不要理会他。学习这项技能是否有用，你自己心里一定清楚。判断一件事情是有效的还是无效的，要从长远出发，要看你完成这件事后的状态——是感觉很满足，还是后悔把时间花在上面。对自己喜欢的事情，我们可以多花一些时间和精力，让它助力自己成长。

3.1.2　用现有资源和能力做事

下定决心做一件事情，就等于下定决心利用现有资源和能力解决当下发现的困难与问题。需要注意的是，我们是利用现在拥有的一切，而非利用以后可能拥有的。

比如读初中时，就好好学习初中知识，用学到的知识去解决考试和生活中的问题；读高中时，就认真学习高中知识，顺利参加高考，进入理想的大学；在进入社会后，就运用自身技能和凭借经验去做事情。

有一种情况是，我们实际可能遇到了一些困难与问题，但以自己目前的能力根本无法发现，这时候就需要找专业人士来点拨一下。比如体检，在拿到体检报告后，大多数人都不清楚里面的很多数据代表什么，这时就应该拿给医生看，他作为专业人士，一眼就能看出其中的关键，会提醒我们哪些地方需要注意。

也就是说，我们只能用现有资源和能力解决已知的困难与问题。在日常生活中，我们会碰到一些自己根本不知道的困难与问题，以至于下定决心也没用，因为我们根本不知道困难与问题的存在。在困难与问题有一些具体表现时，我们察觉到了，才能下定决心解决它们。

在适当的时候，我们可以寻求专业人士的帮助。我们可以在自己已经有所了解，并且想要深入发展的领域，为自己找一个专业教练。专业教练会旁敲侧击地指点我们，告诉我们哪里出了问题，可以朝哪个方向思考。如果能够早一点发现这些问题，我们就可以少走一些弯路。

下定决心做某件事和真正开始行动之间有时会有时间差，我们要尽量缩短这个时间差。你既然下定决心做某件事，最好从现在就开始做。如果你现在不开始做，那么到了不得不做那件事的时候，只能硬着头皮上，做起来难度可能会大很多。

3.1.3　巨大的决心，专注地做事

在适当的时候做适当的事情，可以省很多时间，多做很多事情。

在工作 10 年左右之后，有些人可能会进入一个相对无聊

的阶段，因为能力提升了，原本有挑战性的工作变得非常容易了。这时候容易出现的问题是，虽然他们在做事，却不是非常专注地做事。如果你每天在做一件事，而且下定决心做很久，就尽量竭尽全力去做。如果你无法集中注意力，那么可以尝试将做事情设定为自动反应。

你一旦下定决心去做一件事情，应该一到时间就去做，并且应该拼尽全力去做。你可以在做事之前告诉自己："我一定认真对待这件事！"你也可以在上班之前对自己说："今天要认真对待工作中的每项任务。"

如果你的工作内容本身并不十分有趣，那么可以关注与你共事的人，与他人多讨论。每个人都是不同的个体，每天的互动可能给自己带来不一样的体验。如果你能对人产生兴趣，那么将获得很多乐趣。这里所说的人既包括你自己，也包括你周边的人，还包括以后可能碰到的人。

当你碰到一个人时，不应觉得只是碰到一个人，而应觉得碰到了一个独特的生命个体，感受他的喜怒哀乐，了解他身上发生的各种有趣的事情。

下面总结一下：

第一，对你自己来说，决心就是所有。

第二，决心仅通过外在是看不出来的，有时候你代表了自己的生命力。

第三，巨大的决心是利用现有资源和能力去做当下的事情。

第四，决心需要我们专注地做事。

3.2 坚定的信念

3.2.1 当你态度坚决时，其他人会跟你站在一起

做一件事情，要有坚决的态度。面对每个目标，你都应坚定地相信自己能完成。如果你定下一个目标，一直在想可能达成也可能达不成，那么你的态度会变成"我不知道是否能达成该目标"。若对待一件事在态度上不坚决，那么结果自然也不确定。因此，在做任何事之前，一定要有坚决的态度，相信这件事一定能完成，再全力以赴地做，那么事情的成功率可能接近100%。

　　这里不说成功率必然是100％，是因为"万事都有万一"。但在开始做一件事情之前，我们还是应该确定一下能否做成。我们追求的是"确定性"，而不是"可能性"。

　　比如早上起来，你想吃早餐，如果确定自己能吃到，自己做或者出去买都可以，那就一定能吃到。当然也可能遇到一些特殊情况，如完全不知道哪里能买到吃的或者家里没有任何食材。这时候，你依然要坚信自己能吃到早餐，如果去寻求他人的帮助，那么一定可以填饱肚子。

　　《活出生命的意义》一书的作者维克多·弗兰克尔曾经经受了巨大的磨难，他不仅活了下来，还开创了意义疗法。这是因为他坚信自己能活下去，在低谷时不断为自己描绘未来，想象美好——"如果活下去了，我会是怎样的状态"。凭着这样的信念，他活了下来，并且帮助了很多人，开创了意义疗法，写下了著作，到世界各地游历讲学。

　　我们要有坚定的信念，要持之以恒地向目标迈进。若你坚定地认为一件事情能做成，则大部分情况下这件事是能做成的。如果你的目标明确，并且具有坚定的信念，那么其他人会因为相信你而愿意帮助你达成目标。

　　当你全力以赴地做一件事情时，信念是否坚定直接决定着最后的结果。

我们可以在日常沟通中辨别一个人是不是做大事的人。如果他是一个做大事的人，不管他的事情做多久，他的行动总是充满力量的。

当一个人充满力量地做一件事时，会产生强大的意志力，同时具有把事情做成的坚定信念。

3.2.2　塑造你的信念

你还记得小学三年级的班主任姓什么吗？我觉得如果花点时间想一想，大多数人都能想起来。你上次想起小学三年级的班主任是在什么时候呢？

我们的记忆宝库是非常丰富的，我们经历的很多事情都会保存在里面。在平时，记忆宝库的门是被锁上的。当被提问的时候，实际上是激活了记忆宝库隐藏的密码，这个密码可以打开记忆宝库的门，并让你自动获取答案。

如果拥有积极的信念，其所衍生的信心能使你做成各种各样的事。

我们要认真对待生活中的每件事情。**积极乐观是一个人良好的生活态度**。生活幸福的人大多持有积极的思维方式。一个人保持积极乐观，对生活充满希望，是不需要成本的。每个人身上都有很多免费的资源，只要你认真对待，人生会因此变得更好。积极乐观地对待生活不需要花钱，开动自己的脑筋不需要花钱，早起不需要花钱……

运用自己的时间，其成本比较低，占用别人的时间，其成本比较高。俗话说："时间就是生命。"别人为你提供服务，就相当于在用"生命"赚钱。时间花在哪里，价值就体现在哪里。运用自己的时间，其性价比很高，因为通过自己的努力，可以把时间运用得更好。

塑造坚定的信念也不需要花钱。我们要小心谨慎地对待自己相信的东西，塑造的信念应该是积极向上的、有用的。我们在相信它之前，一定要认真考察，确定它对自己有帮助，再坚定地相信它，让它在时间的基础上产生价值。做好事，行善举，人会越来越向善；积极对待生活，生活会变得更美好。

在生活中，大部分负面情绪并不是由客观事实引起的，而是来自我们内心的负面信念。如果一个人有一个负面信念，比如他在心里想"我可能会失业"，于是一直担心自己失业，大概率他就会失业。因为他过度担心失业，可能会让工作变得糟糕，而这件事往往不会发生在积极乐观的人身上。我们应接受自己的不完美，同时努力让自己变得更好。

在工作中，有的人可能会担心自己业绩不好、被时代淘汰等。如果他把用来担忧的时间用来学习有用的技能或知识，那么我相信他一定可以完成任务或找到一份新工作，甚至创造一份工作。如果他能创造一份工作，为他人提供价值，那么他的收入可能会提高，生活也会更有趣。更重要的是，做自己喜欢的事，做有价值的事，他的心情会很好。与其担心自己会不会被时代淘汰，以及接下来怎么办，不如提前行动，如读书、参加培训等。无论如何，请做一些能增加时间价值的事。

———————————

无论什么时候，读书都是有用的。我们应把书读活。只有将书中的知识用起来，才能把书读活，书才具有灵魂和生命力。我在带领学员读书的时候，做了很多小实验。当你开始做一件事的时候，不用想太多，放手做就行了。做得好与不好没那么重要，在做的过程中你的能力会得到提升。这样就会慢慢培养出多种多样的能力，提前为接下来的事情做好准备，甚至为未来做好准备。

必须要做的事情，即使再早准备，也不算早。这就是跑在时间前面。如果没有提前做准备，你就会发现时间变成了你的竞争对手。时间是匀速奔跑的，这就相当于你在和一个匀速奔跑的人赛跑，他的速度不变，你可以通过训练跑到他的前面。如果没有进行训练，只靠体力支撑，在跑了一段时间后，你会感觉很累，很容易落后。如果你努力训练，就很可能跑到他的前面。这里的训练泛指有计划、有步骤地使自己具有某种特长或技能。

做时间记录，就是和时间这个对手同步，记录自己这一天大概做了什么事情，把有价值的事情提前安排在未来的时间里。比如，你今天计划读一本书，就应该把书提前放到桌子上，到阅读时间，坐到桌前快速开始读书。

真正的长期主义是从现在开始做有价值的事情，并且要长期坚持真的做，而不是在想象中做。

3.2.3　坚定地相信

我们只能利用现有资源做事，而非利用理想的资源做事。

想一想，你现在拥有什么资源？只要你还活着，就拥有时间。时间不会等人，不管你有没有做事情，时间都会按自己的节奏走。我们应该充分利用现有资源，把力所能及的事情做到极致，而不应该为自己找借口——"因为我没有什么资源，所以不去做"。

你现在就可以去写一个方案：明天上午做什么？有时候，

当你目标明确的时候，其他人会跟着你目标明确；当你态度坚决的时候，其他人会跟着你态度坚决。

成功的关键在于，当遇到巨大的困难时，能不能对自己说"我一定能克服困难"，并勇敢地迈出第一步。

你要坚定地相信，自己能行，不气馁，不放弃，相信光明的未来必定到来。

过去的4小时你做了些什么？4小时是一个比较长的时间段。如果你有意识、有计划地做事，效率会非常高。如果你没有强烈的意识，也没有做计划，4小时很快就会过去。

坚定地相信也可以用在这4小时中：在4小时内，坚定地相信自己可以看完一本书，坚定地相信自己可以语写4万字，坚定地相信自己可以完成一件手工作品……当你坚定地相信自己能做到一件事情时，就会拼尽全力去做，这件事和能力就没有直接关系了。

以买房为例，在买第一套房的时候，你是觉得自己的钱足够了，所以想要买房，还是虽然没那么多钱，就是坚定地相信这套房是自己的，所以想买？如果你坚定地相信这套房就是自己的，盘算一下自己的储蓄，离首付还差10万元，该怎办呢?

你想到一个解决方案,找亲戚朋友借钱,找10个人,每个人借1万元,未来20个月,每个月还5000元。你将自己的计划告诉了亲戚朋友,大家一听,你有明确的借钱和还钱计划,大家都愿意支持你。当你将目标明确地说出来时,会有很多人来帮助你达成目标。

3.2.4　目标说出来就是用来实现的

为什么有人可以把事情做成,不是因为这件事情本身简单,而是因为在做事的过程中,遵循了一系列理论。

目标说出来就是用来实现的。一个人在宣布目标前,应该已经有实现目标的计划,接下来只要根据计划执行就好。

在做事的时候会不会遇到困难?肯定会,如果一个计划制订出来,在执行过程中没有遇到任何困难,就说明这个计划不够大,目标比较容易实现,这时候你就应该想一想是不是对自己的要求太低了。

计划和现实肯定有差别。在定下目标后,要尽可能将实现目标过程中的细节记录下来,那么现实中事情会不会完全按计划进行呢？不会，我们在生活中会遇到各种各样的挑战，有些挑战是无法预料的。随着时间的推移，我们的心境会发生变化，外界环境也会发生变化，很多因素不受个人控制。

目标是用来实现的，坚定的信念是目标达成的保证。如果你确定要做一件事情，尽量不要在意反对意见。但在做事情之前，要征询足够多的建议，这样才会把问题考虑得比较全面。

3.2.5　有志者事竟成

"君子立长志。"目标是长远的，不能变来变去。实现目标的规划可以变，具体目标或者定下来之后的事情尽量不要变。

小目标和大目标对应不同的解决方案。而坚定的信念对达成目标十分重要。在定下目标后，你可以想象达成目标的种种过程。

一个人的影响力在特定的时候会爆发出来。这时候，只要看他如何影响其他人，就可以知道他的影响力够不够。就好像一个销售人员，到了月底，任务还有一点没有完成，如果他能够在关键时刻找到合适的客户，向客户说明情况，客户一听就快速下单，这说明他平时做了很多积累，这些积累在需要的时候发挥了作用。

要想做成一件事，短期可以冲一下，长期来说，要靠实力。做任何事情都需要靠实力，不可能总是依靠运气。好运气对于做事重不重要呢？重要。但我认为，做事成功的关键在于足够的实力。有个成语叫"水到渠成"，不要抱怨自己运气不好，要先看自己是否具备做成事的实力。

如果你有一个梦想，那么请大胆一点，说出自己的梦想，表达对实现梦想的强烈意愿。

你准备好去做一件事了吗？不管有没有准备好，决心要展现出来。没有展现出决心，在做很多事情时，哪怕能力足够强，也会给人一种不专业的感觉。

当你说出梦想，表达强烈意愿，呈现出奋力生活的样子时，能做成的事情比现在实际做的事情会大得多。

3.3 行动创造价值

3.3.1 从行动出发

行动创造价值。一件事，只是知道应该去做，但若不去做，则肯定不能创造价值；若知道应该去做之后，努力把它做了，甚至做得很好，就能创造价值。要想得到结果，不应只分析结果，说结果是什么样的，还应从行动出发，确定做哪些事情可以获得想要的结果。

在出发之前，我们应确定一个目标（这个目标应指向结果），还应制订一个行动计划，并且把它拆解为具体动作。我们要明确做哪些动作能够取得什么样的结果，并且要把动作做到位。如果动作变形了，结果就会和原先设想的不一样。动作到位，结果自来。

在生活中，一个行动重复的次数多了，就会成为一种习惯。习惯是一种力量，能够辅助我们行动起来，触发一系列行动，做成一些事情。

3.3.2　行动引发行动

早起是一个非常锻炼人的简单习惯。如果你想培养早起的习惯，那么可以尝试将早起变成一个动作：踢开被子。不管是夏天还是冬天，不管几点钟，早上只要醒了，如果盖着被子，就一脚踢开。

这个动作将引发一连串动作：从床上坐起来、穿衣服、洗漱、看书、写作……

"踢开被子"相当于起床信号，你只要做这个动作，就能引发一系列动作，不仅"成功"早起，还顺带完成了自己想做的事情，用行动创造了价值。

如果你想做一件事，培养一个习惯，那么可以将做这件事所需的动作进行细致拆解，将一个非常简单的动作作为触发信号，完成这个动作，接着这个动作会引发下一个动作，整件事也就水到渠成了。

比如你想看书，最小的动作就是把书翻开。也许你想看书，但又集中不了注意力，这时你可以把书拿到桌子上并翻开，随便翻到哪一页，翻着翻着，就可以慢慢进入专注阅读状态。你不需要从第一页开始看，也不需要下决心一定看完，只要有所收获就可以。

又如语写，第一个动作是打开"语写App"，第二个动作是点击话筒，开始说。"语写App"开发了专注语写模式，打开语写App，输入光标停留在上一次完成的最后一个字的后面，输入法弹出来，一秒就能进入创作状态。

我们可以对很多事情设定动作，以最快的速度进入做事状态，这样做不仅能提高效率，还能把行动的难度降低，确保事情顺利完成。

3.3.3　"立刻"的力量

"立刻"这个词非常有力量。我们用"立刻+行动"驱动行动，能将"行动创造价值"体现得淋漓尽致。

比如立刻唱一首歌、立刻看一本书、立刻写作业、立刻打电话、立刻发消息、立刻写文章、立刻跑步……话语言简意赅，能激发人们立刻去做。

很多事情不会一下子就做到完美的程度，但是每次说完"立刻"就去做，做完后就会想下次能不能提前做好准备，这样下次"立刻"做时就会游刃有余。这么做的目的是让自己立刻进入做事的状态。

"立刻去做"看起来比较冲动：马上做一件事，来不及思考。如果每次都马上去做，就需要进行规划，要随时做好准备。

生活中有些特殊的场景，没有做准备，就必须立刻行动。比如消防演练，不管人们正在做什么，都必须立刻进入演练状态。在日常生活中，你可以写下"立刻+行动"，用行动引发行动，从而更好地创造价值。

3.3.4　动作快慢是一种习惯

在日常生活中，一个人做事情快慢是一种习惯，并不是一些人认为的与性格有关。动作快一点或者动作慢一点，并不会对一个人的性格产生影响。我们是可以控制动作快慢的。一个动作很慢的人也可以跑步，可能他不愿意跑得特别快，但是他跑起来一定比走路要快。动作快或慢是一种习惯，如果想提高做事的效率，那么要有意识地提高自己的速度。事情做得快，效率自然高。

要热情，就要行动热情；要效率，就要行动更快。

我在课堂上经常强调要抓住早上的时间。早上早起，完成一些事情，会觉得自己对一天的掌控性特别强。你可以试着将早上六点到中午十二点当作完整的一天；中午十二点算新的一天开始，晚上八点当成一天结束，晚上八点后又算新的一天开始，晚上十一点当成一天结束。也就是说，你可以把一天当成三天来过。如果你尝试一下，就会发现一天可以做很多事情。

利用短暂的时间也可以做很多事情。一天之中要不定期地让自己进入做事的状态，不是"想"做事的状态。你若觉得累了就主动休息，休息好了尽快推动自己做事。

什么叫"推动自己做事"？有一些事情，你不太想做，这时可以做一个动作，假装自己喜欢它，然后去完成。比如，你吃完饭不太想洗碗，这时可以假装自己喜欢洗碗，然后很开心地把碗洗了。"假装喜欢"对你的生活没有什么坏处，却有明显的好处。把不想做的事情变成想做的事情，事情会变得很有意思。需要注意的是，对于不喜欢做的事情才需要假装喜欢；

若本来就很喜欢做某事，就根本不用假装，那是发自内心的喜欢。

———————————————

我们将自己做一件事的收获分享给他人，并不能保证一定对对方有好处。既然如此，为什么要把自己的收获分享出来呢？

就像做"时间记录"这件事，我非常确定，时间记录对每个人都有帮助，甚至专门开发了"时间统计App"，我自己就是最大的受益者。回顾我做时间记录之前和之后，从约10年的周期来看，我身上发生的变化用"天翻地覆"来形容一点也不为过。

做时间记录能让人更深刻地理解时间的价值，建立长期视角。因为在做时间记录的过程中，我们会思考：能不能做50年、100年？能不能在更长时间的维度上对大家有帮助？如果一定要做一件事，到底在什么时候做合适？今年没时间做，能不能放在3年后做？现在没钱支持自己做，5年后能不能挣到钱来支持自己做？5年后自己处于人生哪个阶段，挣的钱花在哪里……我们不断深入思考，变化在不知不觉中发生。

若你把时间记录下来，就会清晰地知道自己的时间使用方式。这和跑步一样，如果没有计时，就不知道自己的配速是多少，不知道跑步的状态是怎样的。如今，很多智能设备可以记录配速变化、步幅步频、心率等。

时间记录中的"时间速度"和跑步配速有点像，过去一段时间是加速跑还是匀速跑，比以前进步了还是没有进步，如果没有客观地做记录，没有数据支持，是无法清晰知道的。很多时候，我们会凭感觉下结论，但是人不能只靠感觉活着，我们需要感觉，也需要直觉，只是直觉最好建立在专业的基础上。

3.3.5　一定要有截止时间

要想让行动创造价值，关键在于直接去做，而不是等到想清楚才去做。一个普通的计划，哪怕不完美，如果去执行，也会比完美却没有执行的计划更有价值。

行动时还有一个隐含条件：一定要有截止时间。**截止时间决定生产力**。

一件事如果没有设定截止时间，那么很难高效地完成，你也很难获得成就感。如果设定了截止时间，即使有很多事情要做，往往也能合理安排时间，从而比较轻松地完成。

比如你想培养早起的习惯，于是在本子上写下"天天早起"。如果活到80岁，那么你每天都要早起吗？你应该给早起这件事加上截止时间，如某年12月31日前每天6点起床，那早起这件事也没有那么难。如果你觉得时间还是太长，那么截止时间可以设定为月底。

如果你不知道眼前的事情怎么坚持下去，那么可以试着加一个可以接受的截止时间。比如设定为某件事投入一年或300小时，其间全力以赴，把能做的做到极致。截止时间一到，无论是成功还是失败，是有结果还是没结果，都坦然接受，因为自己为之努力了。若成功了，取得了成果，继续往下做，自然是最好的；若失败了，没取得成果，那么沉没成本也只有一年或300小时。

在为某件事设定截止时间后，当坚持不下去时，你就想想再坚持一段时间就不用做这件事情了，顿时会充满力量。如果没有截止时间，感觉需要永无止境地坚持，自己的负担会很重。

我们做每件事，其实都有截止时间。也许这件事需要持续的时间很长，比如一些民俗流传了几千年，但由我们亲身参与的事情，100年基本就够了。因此，截止时间最晚可以设置到你100岁。用100岁减去现在的年龄，再乘以365天，就是具体的天数。比如你今年30岁，一个计划的截止时间是100岁，那么还需要执行70年，按照一年365天计算，就是25 550天。

3.4　如何将理论运用于实践

理念和思考需要落地实践，用行动来贯彻。

具体该如何做呢？我曾经参加过一次活动，在活动过程中，我将自己的理念和思考不断实践，最终达成了目标。

第一，具有明确的目标。

在制定目标的时候，要制定一个自己觉得不太容易达到的目标，然后想办法去实现。

第二，坚定信念。

无论做什么事，都要有坚定的信念。

目标是用来实现的，不是用来想的。在行动之前我们可以充分考虑各方意见，一旦开始行动，就不要迟疑，不要理会反对意见。

在开始行动之前，我们可以针对各方意见，补充自己没有想到的细节。

积极主动，在哪里都适用。如果在事情做成之前，你就觉得这件事情一定能做成，而且能够想象事情做成后的状态，那么事情做成的概率会很高。从定下目标的那一刻起，我们就应该按照目标已经达成的状态做事。

通常情况下，只要定下目标，我就已经看到了实现的可能性。信念足够坚定，实现的可能性就会清晰地呈现在眼前。那一瞬间，我能感受到自己的目标达成了。但凡有一点点怀疑，能否实现目标就不明确了。在做事的过程中，会有人来提意见，批评的、反对的都有，但凡你不够坚定，就可能被影响。

如果你不够坚定，虽然目标没变，但也不能呈现出一个非常清楚的画面。这时候，你会感觉自己看不清未来。

我全然相信自己能达成目标，并且提前思考了达成目标的种种可能，制订计划，积极行动。全然相信和简单相信是不同的，**全然相信是充分相信自己**。

第三，把目标拆解为具体的动作。

在实现目标的过程中，我们应对目标进行拆解，把目标变成具体的动作。

把目标拆解为具体的动作有助于更好地实现目标。比如，我和语写学员一起将语写动作拆解如下。

动作1：记录并分享自己每天做了什么。

动作2：每天分享自己实践的收获。

动作3：将复盘结果转发到朋友圈或分享到社群。

这一系列动作包含客观的行动数据和主观的学习收获，是很有说服力的。这套动作不仅适用于某次活动，有助于达成目标，还适用于打造个人品牌。

动作到位，结果自来。不管你能不能获得理想的结果，都要去做这些动作。稳定地完成所有目标动作，才能把事情做成。稳定是高手的特质之一。不管是否打造个人品牌，这些基本动作都应做到位。

此外，在定下目标的那一刻，就要开始行动。不管制定的是3年后还是5年后实现的目标，提出来的那一刻就要有所行动。

在行动的过程中要一个动作一个动作地去做，要量化目标。比如，和5个人说清楚动作，和6个人讲明白，和7个人沟通好，和8个人确认，和9个人打电话，和10个人说到位……在每次沟通过程中，每个人都可以感受到坚定的信念。若你全然相信自己的目标可以达成，对方是可以感受到的。

有时候事情做着做着你可能会觉得比较累，可能会放松，可能会注意力分散，可能会碰到问题，此时你应怎么办？这时候你不应说问题，而应说解决方案。

第四，目标应提前复盘和实现。

在目标达成之前，你应拼尽全力，并且坚持做到事前复盘，而不应到截止时间再来复盘，再来说哪里没做到。

我们可以将目标实现的过程分为几个片段，在特定的时间达成特定的目标。当设定的时间过半时，就要看看是否完成了90%的目标任务量，然后复盘自己做到的和应优化的。

我们应不断在事前复盘、事中复盘：如果目标没有达成怎么办？应该从哪些方面努力？还可以做些什么？有时候甚至半天复盘一次，复盘后马上按需要调整行动。

第五，遵循"行百里者半九十"，努力达成目标。

俗话说"行百里者半九十"，因此当设定的时间过半时，就应完成90%的目标任务量，完成90%才相当于完成了一半。

我们可以将完成90%的目标任务量设为节点，没有完成就等于没有完成一半。我们应用50%的时间完成90%的目标任务量，这样在目标实现过程中，用剩余的50%时间向前冲，最终就有望超过目标，确保目标100%达成。

第六，以最舒服的状态来做事情。

尽管目标很高，任务很多，但是我们也要以最舒服的状态来做事情。

此外，目标应尽量设定在能力范围内，只有感到轻松，才能一次又一次地达成更高目标。

第七，做好交付准备。

如果一个人付费报名成为我的学员，那么我希望他足够认真。如果学员不认真，他就在做亏本生意，而我也是亏本的。因为服务方付出了时间，学员的费用有时还可以退回去，但服务方付出的时间是拿不回来的。

看一件事情，我们不应该只是单纯地看其表象，更要看其背后的东西。

我们每次做事情，都应在开始前看到最后的结果，清晰地看到目标实现。有时候我们做一些事不用太多人，只要发挥每个人的力量，并且全然相信每个人即可。我们也应持续做事，这一点特别重要。

　　记住，**目标是用来实现的，目标是用来分享的，目标是用来执行的**。

3.5 实践量化目标

3.5.1 实践量化目标四步走

当我们明白了一个道理后，想在生活中实践，有时候会发现实践并不容易。下面分享一下实践量化目标的步骤，大家可以运用到自己实现目标的行动中。

第一步，设定一个清晰、明确的量化目标。

实践一个道理，要将它设定为具体的量化目标，清晰、可衡量，并且有截止日期。

在设定目标时，先要清晰地定义自己的目标。当你有一个明确的目标时，就有清晰的衡量事件是否完成的标准。当设定的截止日期到了之后，目标要么达成了，要么没有达成，十分清晰。当别人询问你的目标时，你能脱口而出，对方也能够清晰地了解，这就是对目标有非常清晰的界定，这个界定不随时间和人转移。

不随时间转移是指不管这个目标是否实现了，现在、明年、10年后，都是可以衡量的。同时，不管是你还是其他人，在知道这个目标后，都能快速判断这个目标是实现了还是没有实现。

比如，今天语写挑战10万字。10万字是目标，"今天"意味着截止时间是当天23时59分。我一般建议在22时前完成挑战，因为这样不影响休息。

第二步，拆解目标，盘点资源。

在定下目标后，接着要拆解目标，盘点资源。

最基础的资源是时间资源，我们可以遵循"行百里者半九十"原则来拆解目标，得出清晰、可执行的目标。在实现目标的过程中，我们一般从低级目标向高级目标一步步前进。

语写挑战10万字，根据"行百里者半九十"原则，尽量在中午12时前完成9万字。

为什么要这么设定呢？一半时间完成90%的目标任务量，难度很大，但是我们应朝着这个目标努力，若能做到，则剩下的一半时间只需要完成10%的目标任务量，我们很轻松就可以完成，并且大概率可以超额完成目标。

第三步，列出具体行动，并快速执行。

在完成前两步之后，应该做的是列出具体行动，明确做哪些动作可以获得想要的结果。

语写挑战10万字的行动很简单——拿起手机，开始写。你可以提前做些准备，比如告知家人自己的计划，请他们给你留出时间和空间；准备足够的水、润喉糖、零食，以便及时补充体力。

如果一个人想做个人品牌，那么可以采取发布优秀文章、拍摄短视频、发布招募信息、跟进潜在客户等具体行动。

在想清楚要做什么之后，应该立刻开始做，这样能缩短"计划做"和"开始做"之间的时间差，提高行动力。在开始行动之后，行动会引发行动，我们就会按照规划不断前行。

第四步，事前复盘。

复盘可以随时进行。事前复盘是在行动一开始，就思考：假如事情做成了，具体是如何做成的；假如事情没做成，又是什么原因导致的。我们应按照事前复盘的路径去执行，并且在做事的过程中，不断对齐目标和进度，若做到了，思考能否做得更好，若没做到，思考其原因是什么，接下来应如何做。

总之，事前复盘一般想象两种情况：一种是目标达成了，一种是目标没有达成。若目标达成了，则应继续行动；若目标没有达成，则应想一想到底是什么原因导致目标没有达成。

如果一件事情的难度大到几乎不可能完成，就应将设定的目标拆解成多个小目标，全力以赴地完成小目标。当然，小目标可能达成了，也可能没有达成。无论结果如何，我们都不应把小目标作为终点，而应认真思考在行动过程中，哪些事情是有效的，哪些事情是无效的，提前进行复盘，不要等到目标截止日期再复盘，那时候就没有时间来完成目标了。

3.5.2　重视你的目标

现在请你想两三个最近已实现的目标，以及两三个没有实现的目标，问问自己："那些已实现的目标是不是自己足够重视，那些没有实现的目标是不是自己不够重视？"在短时间内，你所拥有的环境资源、人力资源、时间资源几乎是不变的，**目标能否实现，关键在于你是否重视**。

被重视的目标，其实现的概率较高。很多人没有实现目标，不是因为目标多么难以实现，而是因为不重视，稍微重视一下也许就能实现。

你若定下一个目标，或许你就有了完成目标的责任。很多时候，我们会渐渐忘记自己定下的目标，因为生活中的事情很多，我们的注意力很容易发生转移。尤其当我们和他人一起负责完成一个目标时，如果没有从心底认为完成这个目标是自己的责任，就会更容易忘记这个目标。

因此，目标不能由他人来定，应自己定，至少自己应参与，这样自己才会清楚地记得目标。当目标特别大，没有办法一个人完成时，可以将其转换为一群人的目标，并有组织地完成这个目标。

———————————

有一个小伙子在2022年时计划在2042年干成一件惊天动地的大事。他坚定地认为要花20年去实现这个目标，很清晰、可量化，大家一听非常支持。他不能等到20年后才去看目标是否已实现，而应在2023年复盘一次，2024年复盘一次，2027年复盘一次，2032年复盘一次……不断复盘，梳理进度。如果一个人不做复盘，很可能就会忘记目标，那么没有人愿意帮他；如果一个人一直记得目标，并且在不断推进，我相信很多人都会愿意为他出一分力。

如果一个人的目标很大，没办法凭一己之力完成，那么怎么办？他可以借助团队的力量完成目标。如果他已经有团队，那么可以直接去做；如果他没有团队，就应该搭建团队，并且培养团队。一群人一起把事做成的关键在于所有人拥有相同的价值观和理念。只要时间周期足够长，在做事情时就可以像打地基一样，一步一步来。

3.5.3　尽早完成你的目标

生活中总有不尽如人意的地方，有时候定下了目标，不一定能达成。那么，目标没有达成怎么办呢？应采用持续有效的方法继续去做。

什么是持续有效的方法？做事情的重点是去做，积极努力地去执行就好。有时候我们做一些事情，短期内没有成果是很正常的。

有些事情单次付出就会有成果，而更多的事情需要持续付出才会有成果。就好像种树，有些树木种下去就不用管了，而大多数树木只有经常施肥、浇水，才能长得茂盛。想一想，生活中哪些事情需要持续付出呢？如果你做一件事暂时没有成果，请不要着急，坚持做下去就好，迟早会取得应有的成果。

请相信，努力实践一定会有成果，不要等到截止时间快到了或者老了再去行动，应该趁着现在还有充足的时间和精力，赶紧行动起来。

下面以语写为例，分享一种尽早行动的方法。

语写训练的日常任务是每天完成1万字，那么是不是一定要等到晚上10点才开始呢？不是的，要看自己晚上几点休息。如果你计划10点睡觉，那么语写要在10点前结束。

但事实上，事情会完全按照计划发展吗？

睡前一般要洗漱，要为第二天做准备，因此要留出一部分时间（大约半小时），也就是说，在晚上9点30分之前要完成语写。这样一来，应该在什么时候开始语写呢？如果按照1小时语写1万字推算，那么在晚上8点30分就应该开始。

晚上8点30分，你有没有其他事情呢？你可能要陪孩子，要给朋友打电话，还可能会加班，因此你必须早一点开始语写。那么，晚上7点30分开始语写怎么样呢？

晚上7点30分通常刚吃完饭，做事效率可能不太高，因此时间还得往前提。下午5点30分好像不错，不过5点30分刚下班，因此时间还要再提前一点……

可见，如果我们计划做一件事，应尽早开始，这样才能不慌不忙地完成。

在日常生活中，要想实现一个目标，需要不断积累知识和经验，力求做到不管碰到什么困难与问题，都可以快速搞定。成功并非一日之功，当你想实现一个宏伟的目标时，仅具备满腔热忱和较强的进取心，却没有真才实学，目标会实现吗？不会。平时是否善于积累知识和经验，与能力能否快速提高关系很大。善于积累能助推你走向成功。

学习到同样的方法、具有同样的理念，差别在于有人做了，有人没做，有人认真地做，有人敷衍地做，有人持续性地做，有人间歇性地做。不同的行事方式会导致不同的结果。

如果你始终关注某个领域，但前期没有把事情做好，看到做得好的人发生了巨大的变化，也想和他一样，此时你应怎么办？你可以按照正确的方法再做一遍。

3.5.4　用实践量化目标的方法实现人生规划

实践量化目标的方法还可以用在实现人生规划上。

假设我们可以活到90岁，人生大约可以分为3个阶段：从出生到24岁为成长阶段；从25岁到60岁为发展阶段；从61岁到90岁为老年阶段。

按照实践量化目标的方法，我们应在60岁前挣到活到90岁所需花销的90%，剩下的10%可以在60岁以后通过各种途径获得。也就是说，如果你现在31岁，接下来的30年，你不仅要赚到这30年的生活费，还要赚到下一个30年90%的生活费。

这么来看，你是不是觉得这30年所承担的责任很重呢？的确，不只是赚取我们自己生活所需，赡养父母、照顾子女都是我们的责任。

继续推算一下，假设你现在41岁，生活开销是1个月5000元，60岁之前要赚到61～90岁所需花销的90%，在不考虑其他因素的前提下，计算一下，30年需要180万元，60岁要赚到90%，也就是162万元。而41～60岁所需花销是120万元，两项加在一起，意味着从现在开始到60岁，你要赚到282万元。

接下来，将41～60岁的20年再除以2，得到的是工作、赚钱时间的一半（10年），那时你50岁。依照"行百里者半九十"原则，到50岁的时候，你要赚到60岁之前要赚的钱的90%，也就是约254万元。这种计算方法很简单，没有考虑通货膨胀等因素，只是简略地向大家说明。

算到这里，我们赚钱的目标就非常清晰了。先定下这个目标，再拆解成具体可执行的动作，马上开始踏踏实实地赚钱，实现年老后安安稳稳地生活。到时候，你还能自由安排时间，做自己想做的事情，开始新的人生探索。

———————————

也许你会说："还有那么长时间，慢慢挣钱也可以。"事实上，时间如流水，如果你希望年老后过得比较舒服，最好不要行动得太慢，定下目标就努力去实现。目标不会自动实现，我们要时刻记得到什么时间实现多少目标，这样才能提高目标实现的概率。

人生最后的30年往往比前面的60年遇到的坎坷多，因为那时候我们的身体逐渐衰弱，各项生理机能在慢慢减退，身边的朋友可能越来越少。当然也有好的一面，就是我们的智慧在不断增长，时间可以自由安排。

要在60岁之前培养一项或几项兴趣爱好。可以现在开始培养兴趣爱好，在坚持20年、30年后，过了60岁，你就有事情做了。如果你坚持语写，将写下的文字分享出去，能够吸引很多人的关注，就有可能开辟文字创业渠道。你写下的内容可能是自己的人生经验，一些道理是过去60年通过实践获得的。

从现在开始，就要为以后做准备。学习是为思想充电最好的方式，边学习边实践，就是为以后、为老年生活做准备。赚钱也是，早一点赚到需要的钱，就可以早一点自由安排自己的时间。年老后并不是说什么都不做了，而是做自己喜欢的事情，最大化发挥自身天赋与优势，留下自己的作品。

历史上很多哲学家、艺术家、文学家都是到了40岁以后，才完成了经典的作品。当我们在生存线以上，不需要为生存奔波劳碌时，就会有更多的时间进行思考，并且可以将自己的思考写下来。

3.6　按照规划前行

3.6.1　规划是确定要做

规划和计划有一定的关系，又有很大的差别。计划是说要不要做，要做些什么；规划是确定要做，要怎么做。

比如修一条路，计划是要不要修这条路，线路是怎样的，有什么方案，每个方案有什么优劣势、成本是多少等；规划是确定要修路，这条路怎么修，需要哪些资源，工期怎么安排，有哪些困难，怎样解决等。

按照规划前行，是说一旦确定做一件事，就要想一系列办法做成它。

　　人生规划也是如此。人生规划与人生计划不同。人生计划是说可能做什么，人生规划是说确定有一些事情要做。若做好了人生规划，当你90岁时，回头一看，就会知道这件事情做成了还是没做成。

　　比如，你说"我就是要成为那样的人"，那么你应该明确成为那样的人大概要做哪些事，朝着哪个方向努力，同时要放弃一些确定不会做的事情。

　　按照规划前行，确定有事情要做，有时会有很多种实现目标的方式，有时会遇到困难，有时会有人反对。我们应碰到一个困难解决一个困难，直到把目标达成，并且要严格按照规定的时间达成。

　　结果分两种情况：一种是目标没有实现，另一种是目标实现了。目标实现又分为目标提前实现和目标滞后实现。目标之所以提前实现，一种情况是设定的目标太低，毫不费力就实现了；另一种情况是通过努力，突破了自己，提前实现了目标。

　　在定下目标后，我们要按照规划前行，就算前面的路布满荆棘，也要朝目标奋进，不要轻言放弃。

　　若有规划、有目标，就相当于明确了方向，你只要努力抵达终点就行。尽管可能会走歪，但一定能找到到达终点的路。但如果没有规划和目标，你的心中就没有方向，也就不清楚自己奋斗的意义，做事也就没有劲头。

就好像站在一个十字路口，只有目的地明确，才知道走哪条路最近、最便捷。如果站在十字路口，不知道目的地是哪里，那就没办法到达。买机票也是一样的，当确定目的地后，才能买到机票，不管距离多远都能飞向目的地。

让我们一起在磨难中成长，在规划中前行。

3.6.2　让计划走在变化前面

计划和变化的"你追我赶"有 3 种情况：计划赶不上变化、计划赶得上变化、计划刚好和变化差不多。

计划赶不上变化，可能是因为我们做计划的能力不够，所做的计划不够周全；也可能是因为虽然做计划的能力够了，但是自身没有强烈的意愿，没有认真思考变化。

计划赶得上变化，要求计划做得很周全。在做计划的时候，要把所有因素都考虑在内。比如制订一个起床计划，你可以设置起床闹钟，若担心闹钟响一次起不来，则可以设置多个闹钟，每个闹钟间隔 1 分钟响起；为了确保准时起床，你还可以把自己的起床计划告诉共同居住的人，让他们提醒你准时起床。

计划刚好和变化差不多，是指变化怎么变，计划就怎么做。变化在某一瞬间出现，把所有计划打乱，是很正常的现象，就和"人的行为是随机的"一样。尽管昨晚就把今天要做的事情计划好了，但变化依然可能把计划打乱。在做计划时，要考虑到事情会发生变化，尽量将事情考虑周全，而且要有强烈的意愿去完成这件事，可以从更大范围去考虑，找到变化的规律。

––––––––––––––––––––

计划赶不上变化、计划赶得上变化、计划刚好和变化差不多不是3个问题，而是3个结论或者3种陈述。我们要学会比较它们的不同，提高做计划的能力。

平时做事为什么有人总觉得来不及？那是因为他们的乐观主义占了上风，制订了不合理的计划。

在完成计划的过程中，要提高积极性，全力应对变化，以获得良好的效果。

你觉得计划在变化前，还是计划在变化后？

在开始做一件事的时候，我们可能盯着计划去做，这属于计划在前。后来，变化出现了，我们碰到了各种各样的问题，怎么办？应立刻调整计划，这属于与计划同步。在变化出现后，继续做计划，再执行新计划，这属于计划在后。最后，还需要进行复盘。总之，计划和变化是相伴相生的。

有时候一件事情的变化与计划，取决于事情的时间周期，最好以长期计划应对变化。

举个例子，两个相差10岁的小朋友比赛跑步，通常来说年龄小的小朋友跑不过年龄大的小朋友，10年的差距使他们实力悬殊。

如果年龄小的小朋友制订一个长期计划，20岁的时候跑赢30岁的对手，那么有没有可能呢？这种情况下计划和变化的时间周期足够长，他获胜是完全有可能的。如果他想在60岁的时候跑赢70岁的对手，那么概率也挺高的。

如果一个人无法在短期内取得成果，那么可以做长期计划。在做长期计划时需要考虑很多因素，不高估自己的能力，但也应接受一定的挑战。能不能跑赢时间，穿越时间周期，主要看你的进取心够不够，能不能一直积极地做事。

3.6.3　多想几步

任何事情在开始做时，都应多想几步。

多想几步和少想几步开始时可能对你来说，没有明显的差别，但越向上走，越接近顶峰，差距拉得越大。

2012年，我读了《奇特的一生》这本书，书中的主人公柳比歇夫做了56年时间记录。我想如果我计划花几十年做一件事，那么是不是会多想几步？

于是，我认真思考如果自己做50年时间记录，那么应该想清楚哪些事情，才能在接下来50年不间断、不放弃。我最初想的不是如何坚持，而是遇到什么情况会放弃。接着，我把可能导致我放弃的原因一一列出来，如生病了、状态不好、感觉没有价值等，并且思考解决方案。

我针对每个原因找解决方案，设定原则。如果生病了，没关系，做时间记录50年，若身体不适可以休息几天，几天占50年的比例很小，身体好了继续就行。

当想到的问题都有解决方案之后，坚持做下去应该没有太大难度，于是我开始做时间记录，中间没有出现过大问题，只要继续记录到2062年，做50年时间记录的目标就达成了。

我们具体该如何做事呢？

第一，一定要有明确的目标。有明确的目标，才有行动的方向。

第二，设定截止时间。要确定事情到底做多长时间。有时候不是做不到，而是时间不够用。因此，一件事越早开始，收获越大。

第三，写下清晰的行动计划。应将目标进行拆解，制订具体的行动计划。

第四，多想几步。如果确定一些事要做50年，那么可以想象事情做成时，你向外界展示自己在这50年做了什么事，有什么成果，具体经历了什么，遇到了哪些困难，解决方案是什么等。通过这种方式，多想几步，发现可能会遇到的困难与问题，找到解决方案。这样在行动的时候就比较顺利了，碰到问题就能很快得到解决，坚持做下去就会容易很多。

第五，开始行动。一开始行动很难做到完美，但与其什么都不做，不如先行动起来。我们需要依靠现有条件开始行动，尽力把事情做到极致。

在做计划时就要多想几步，想清楚遇到什么问题会放弃，如何做到不放弃。应尽量提前将阻碍目标达成的种种问题都想到，这样事情做起来会顺利很多。

虽然我提倡多想几步，但不要一直想。我们要积极行动，不能每天仅思考却不行动。世界上不缺思想家，缺的是把思想落到实处的人，缺的是怎么想就怎么做的人，缺的是多想几步、想清楚路径、真正落实的人。

3.6.4 保持积极心态，寻找解决方案

保持积极心态要求在遇到困难的时候，心中充满希望，觉得事情可以做成。

一个人在遇到困难的时候若能保持积极心态，则说明他是一个乐观向上的人。在顺境中，一个人保持积极心态，比较容易做到；在逆境中，身边会出现消极声音，若他还能保持积极心态，相信未来会更好，他就是真正乐观向上的人。

具有积极心态的人在遇到困难时会不断寻找方法，努力达成目标。

每次碰到问题，一定有解决方案。你是否做好了应对困难的准备？"一定"是很有力量的。你要相信"每次碰到问题，一定有解决方案"，你可以用不同的语气把这句话多读几遍，激励自己积极解决难题。

有的人天生就具有积极心态，有的人是后天通过培养而具有的。有些人心态很好，你见他那么积极、那么乐观，想像他一样，这时就要刻意培养积极心态。

拥有积极心态的人会勇敢面对问题，总相信事情有好的一面。有些事不需要花钱，却有巨大的价值，比如凭自己的直觉

单纯地相信某件事。有的人单纯地相信可以把事情做成，单纯地相信可以达成目标，这些都没有成本，却可以带给自己努力向上的勇气。这样即便想法没有实现，也不会吃亏。

以跑2000米为例，你若相信自己能做到，则坚持锻炼大概率能做到；你若不相信自己能做到，则往往根本不会有所行动。不行动，你就没有成功的机会。

彼得·德鲁克在《卓有成效的管理者》一书中写了一句话：卓有成效的管理者所付出的劳动和努力，并不会比没有那么卓有成效的管理者付出的劳动和努力更多。

我们可以精神抖擞地活一天，也可以无精打采地活一天，但精神抖擞地活着会带来更多希望。

3.7　把事情做到极致

3.7.1　攀登高峰，极致践行

在小众领域，一颗"死磕"自己的心，追求极致的精神，是非常能激发人的潜力的。目标从来不是轻轻松松就能达成的，当我们付出很多心血后才可能达成。

是否把一件事情做到了极致，数据是最好的衡量方式。

在制定目标前，需要精心准备，认真思考目标的可行性，分析自己的能力和可能遇到的困难，制订明确的行动计划，并且最好将目标数据化。

语写人在进行语写极限挑战前，会做很多准备。一天语写10万字、20万字，有的人成功了，有的人没有成功。无论成功与否，在挑战结束后都要认真分析，成功是因为做对了什么，没有成功是因为哪里没做好，应如何改进，以便下次取得成功。

凡是能达到的极限，都不是真正的极限。在**一件事达到一次极限后，当再次挑战时应该攀登更高峰。换句话说，上一次的极限是下一次挑战的底线。**

3.7.2　稳定是高手的特质

假如你要做一件难度很大的事情，应提前预演方方面面，这样才能顺利地把事情做成。高手成功的背后是日复一日的积累。

高手往往目标明确、行动有效，并且做了很长时间的准备，付出了长时间的努力，尽可能将失败的风险降到最低，全面考虑可能发生的危险和避险方案等。

做一件事，投入越多，感情越深，收获就越大。 这一点在很多领域都是相通的。

把一件事做到极致，胜过把一万件事做得平庸。你可以暂且不管这件事具体是什么，只要挑一件事持续去做就行，在做事的过程中可以磨炼心智。把说话做到极致，把写作做到极致，把阅读做到极致，把攀登做到极致……这些都已经有非常厉害的人做到了。他们站在"极点"，鼓励我们前行。若你想做一件事，就应参考之前在这个领域做到极致并取得丰硕成果的人的做法。

要想把一件事做到极致，应注重稳定性。有时做一件事，很长时间都没有成果。想想看，在你的日常生活中，有没有正在做这么一件事——短期没有成果，但具备获得大成果的可能性？我们要将日常的小准备做好，它们会帮助我们朝大成果迈进，并让我们最终收获大成果。大目标就像攀上珠穆朗玛峰，如果不坚持锻炼，那么几乎不可能登顶。

如果一个人没有目标，没有追求极致的精神，那么有时候可能不知道行动是为了什么，是不是真的有用，能不能达成更高的目标；如果一个人有明确的目标，就知道朝哪个方向去努力，不会朝多个方向走，也不会遇见岔路就不知道怎么走，而是会朝着一个方向坚定前进。

我在《极速写作：怎样一天写10万字》一书中提出：**用你的碎片化时间，为远大的目标添砖加瓦**。远大的目标在短时间内几乎不可能达成，但若长时间积累，则定会取得丰硕的成果。这就是小积累成就大目标。

3.7.3　用数据呈现努力

在做事时，要把自己的全部精力投入进去，结果好不好是后话。有的人在做事情的时候没有全力以赴，总觉得自己还有退路，给自己找了一堆借口，这样很不好。

做一件事的关键在于是否全力以赴，是否有积极主动的态度，是否拥有解决问题的思路，是否锻炼了自己的核心能力。

想一想，生活中所有的事情，包括工作、阅读、语写、时间记录、学习、陪伴家人、培养习惯、休闲娱乐等，你有没有积极主动地做？没错，休闲娱乐也要积极主动。

我们首先应确定自己的目标是什么，然后努力去做。

全力以赴地做事，积极主动地做事，不要给自己留后路。

目标是用来实现的，坚定的信念是达成目标的保证。此外，要想达成目标，还需要付出努力。

努力可以分为很多等级，如一般努力、普通努力、非常努力。

努力的程度不需要一直说，把数据展现出来就可以了。比如，一个2米高的人，根本不需要强调自己很高，只要站起来或呈现数据，其他人就能意识到。

要想说清楚自己为一件事情付出的努力，不需要绞尽脑汁选择一个词语说明自己处于什么样的状态，数据本身就能说明。比如上线下课或直播课，在听完课程后，有的人只是单纯地听完了，有的人能够快速写出复盘文，有的人写复盘文不够快，但是会日复一日地训练，把相关知识写下来并记住，甚至会运用到生活中。

人与人的基础能力在很多时候并没有太大的差别。很多厉害的人都是从普通人成长起来的，他们的成功不是一蹴而就的，而是一天天积累起来的。若你每天都努力，并且和他们一样努力，则也可以取得丰硕的成果。认真活着是一天，不认真活着也是一天，我希望小伙伴们每天都认真活着。

不知道你有没有给自己做过年度数据分析，包括时间是怎么使用的，钱是怎么赚的、怎么花的，读了多少本书，写了多少篇文章，认识了多少人等。我们应定期反思，思考自己做的事情有没有价值。大的爆发是飞跃式的进步，我们可以明显感知到。人们常见的明显的变化包括收入显著提高、承担更大的责任、做出更大的贡献等。

3.7.4　凡事专注必能成功

专注就是把注意力集中在一个特定目标上，直到找到实现目标的方法，并且将它达成为止。专注类似于我们常说的专心、一心一意、集中注意力等。若一个人不够专注，则很多事情可能很难做成。

专注语写的人能做到1小时输出1万字。也许你会说自己很容易走神，解决方案是有意识地控制自己的注意力，在1小时的时间内如果走神了，就把注意力及时拉回来。"1小时输出1万字"是要达成的目标，我们要有达成目标的强烈意愿。若你的注意力完全集中在目标上，就会找到实现目标的方法。

在开始语写前，可以进行自我暗示：1小时后，我已经写完1万字。也就是说，在做事之前就把完成目标看成一个特定的事实，用完成的状态暗示自己。接下来就去做，真的去语写1万字。你做到第一次，然后做到第二次、第三次……第十次，以后就不会担心这件事情无法完成了。

总之，专注做任何事情都可以遵循两个法则。

一是坚定地相信，做之前就确定自己能做到。

二是真的去做，并且积极努力。在做事情的时候，会碰到问题与困难，这时候专注会发挥很大的作用。

如果你的目标非常大，一下子实现不了，那么可以把大目标拆解为小目标，先行动起来。如果一开始1小时语写1万字有难度，就可以尝试10分钟写1500字，这样6个10分钟基本就可以写将近1万字了。

在做事之前"相信"，重复已经"相信"的事情，就是保持专注的有效方法。在做事的过程中，我们总会遇到困难与问题，如果一开始就不相信自己能做到，那么很容易退缩；如果相信自己能做到，那么在执行的过程中会不断寻找解决方案，就算最后没有达成目标也没关系，这种行动思维才是最重要的能力。

如果想提升专注力，那么可以每天花1%的时间，也就是约15分钟练习注意力。具体的做法是：一早起床，将自己的注意力放在每个动作和周边的环境上，在心中默念看到的物品名称，如门、衣服、杯子、牙刷、牙膏等。如果这15分钟注意力足够集中，那么往往一天都精神抖擞。换句话说，一天99%的时间都会受1%的时间影响。

你也可以用这15分钟默念自己的目标，盘点当天的任务，观察周围的环境等，关键是明白自己到底在做什么，将注意力聚焦于当下。

3.8　做出成果来

做出成果来？

做出成果来。

做出成果来！

同样的一句话，句末采用三个不同的标点符号，表示三种不同的语气。

3.8.1　做出成果来？

"做出成果来？"是一个问句，是问："你做出成果了吗？"

比如你在做一件事，要做很长时间，可能持续三五年，甚至10年、20年，才能看出成果来，有人看到你做的事情，感觉你每天都在投入，于是问："你真的做出成果来了吗？"在对方看来，你没有做出成果，所以有此一问。

这里的关键是要辨析原因：是时候未到，还是暂时没有做出成果。比如怀孕，前三个月很难被他人一眼看出来，甚至有的人怀孕五个月也不大显怀，事实上孩子一直在生长。

如果你正处于成长阶段，可以不回答这个问题，等到做出成果以后再看就好了。你要做的是踏实地做自己的事情，尽量找到支持你做出成果的人，而不是因为他人的话怀疑自己。

语言是生产力。人有时候很神奇，做事情碰到困难，有人说放弃，真的就放弃了；有人说加油，真的就能坚持下来。我们要关注身边的声音，特别是自己心中的声音。当碰到困难的时候，试着对自己说："不管什么困难与问题，都一定有解决方案。"可能就真的成功了；如果你对自己说"放弃算了"，那么可能真的就这样结束了。

3.8.2 做出成果来。

不管有没有人怀疑，你确定自己要做出成果来，那就努力把"做出成果来？"变成"做出成果来。"——把问句变成陈述句，把怀疑变成事实。我们要努力解决碰到的问题与困难，真的做出成果，最终画上一个完美的句号。

做出成果的时间有长有短，有时候3分钟能做出成果来，有时候需要酝酿，多年才会有成果。梳理一下你正在做的事情，看看哪些3年才会有成果，哪些3个月就会有成果，哪些3天就会有成果，哪些3分钟就会有成果。

3分钟有成果、3个月有成果和3年有成果的事情，注定是不一样的。

3分钟有成果的事情是什么？比如你不小心弄脏了手，去洗一下，3分钟足够了，成果就是手干净了。

3个月有成果的事情是什么？比如减肥，如果你比较自律，少吃多动，3个月就会瘦下来。当然每个人的情况不一样，成果也有大有小。

3年有成果的事情是什么？比如一些习惯的养成，在培养习惯时，我们可能两年内感觉不明显，但3年之后，一些习惯会影响我们的生活。

如果你知道一件事3年才能出成果，可能会有更多的耐心，不会过于着急。没有人会期待一个上幼儿园的小朋友能够解微积分题目，从他开始学习到能够解微积分题目，需要很多年的时间。

有时候做出成果需要一些时间，付出再多努力都难以缩短这个过程。

在日常生活中，你最好有三五件事在持续做。这些事只需要投入，不问收获。一般情况下，这些持续投入最终能取得很大的成果。

以我自己为例，我一开始就知道语写有用。那时候，大多数人觉得语写没用，很少有人觉得它会对日常生活带来帮助。很多人问："语写的实际用途是什么？"这个问题被问了很多年。面对这种疑问，最好的答案是做出成果来。

当有人问"做出成果来？"时，我们要把这句话变成肯定句。今后，若有人说"你这件事没有做完，还没出成果，好像没什么实际用途……"，不必与其争论，甚至可以回复"你说的对"。你只需要努力把事情做完，做出成果来。

比如阅读，有时候读完一本书的确感觉没什么用，但若坚持大量读书，读10年，一定会对你的人生产生重大影响。一个人若能持续把一件事做10年，则说明其拥有极大的决心和极强的意志力，他通常会干成大事。

有些书读一遍可能不会有太大的收获，但若反复读，便能够领悟书中的道理并运用，而且可以取得一些实际的成果。阅读在短期内成果不明显，也不会有明显的实际用途，但长期来看对我们的学习和生活是极其有益的。

3.8.3　做出成果来！

当你把"做出成果来？"变成"做出成果来。"之后，还要继续努力，直到"做出成果来！"

很多事情需要积累，要用时间去熬，熬出十几年的经验和较大的成果。一般来说，小成果不会引起人们的注意，大成果才会获得广泛关注。当你实实在在地做出成果后，一开始的成果可能比较小，不要停下来，继续做，直到取得大成果。这时你可以稍微停留一下，适当休息一下，再继续往前走。

大成果也是相对而言的，它和过去取得的成果相比是一个还不错的成果，但和未来可能取得的成果相比则可能是微不足道的。一个人做出成果，最大的收获是他具备了把一件事做成，或者说持续把一件事做成的能力。换句话说，把一件事情做成的能力比具体做了什么更重要。

我们现在做一件事和100年前的人做一件事背后遵循的理

论可能是一致的，但具体是什么事情、动作，肯定有很大的差别。再过50年，会不会有人遵循同样的理论做成以前没做成的事情？肯定有。做任何事都需要我们具有坚定的信念，善于开动脑筋，保持积极主动……

我们的生活是一场无形的赛跑，和时间赛跑，做出成果来；和自己的过去赛跑，把成果展示出来。我们之所以和时间赛跑，是因为若没有时间维度，也就没有成果。和自己的过去赛跑，并不一定要判断输赢或不断"内卷"，而是要将你的成果展示出来，看到取得的价值。

比如在一个社群中，尽管大家可能互不相识，但每个人都可以展示自己的生活。你取得了成果，群里的伙伴可以看到，知道自己的伙伴通过努力做成了一件事，大家会由衷地为你感到高兴。如果你没有取得成果，习惯"潜水"，有点像"小透明"，这也不是坏事，因为成长需要积累。

在社群中，我们不一定要十分活跃，但是要注重自我突破。如果你取得了成果，有了进步，要向大家展示出来，做自我介绍，分享你的成果，让别人看得见、摸得着。当然，也不用大肆宣扬，只需要客观地展示出来。成果展示的过程是反馈交流的过程，是经验分享的过程，是调整深化的过程。

展示自己的成果是很好的个人品牌打造方法。一次次展示成果，从展示小成果到展示大成果，大家可以看到你的成长过程。如果你突然说自己取得了成果，大家的第一反应是祝贺；第二反应是想知道你的成果是怎样取得的，背后有什么故事等。如果你一开始就呈现具体的数据、阶段性成果、遇到的困难与问题等，大家看到的就是一个人踏实努力，一步一个脚印做成了一件事，对你的认识会更深入。以后无论你做什么事情，大家可能都会来支持你。

判断一个人成长的快慢，要关注持续性。因为人很容易成长起来，但成长起来后，不骄不躁、继续成长的人较少。比如一个人获得了财富，我们要关注他是如何获得财富的，有什么能力，遇到了怎样的机会，还要关注他如何使用财富，如何守住财富。

如果你做成了一件事，在向他人展示的时候，可以从多个角度介绍自身的感受，因为你亲身实践过。有时候，我们会遇到一些情况，对方理论讲得非常好，回答问题也头头是道，但深入讨论时却给不出具体的解释，这说明他可能没有实践过。

在日常生活中，有很多无形的边界，比如无形的时间、无形的社会环境、无形的人际关系。这些无形的事物会随着时间的推移发生变化。当我们离开学校走向社会后，身边的人会从同龄人变成各个年龄阶段的人。

就好像加入一个社群，原来在学校里面对的大部分人是同龄人，现在会发现"60后""70后""80后""90后""00后"都有。在一个圈子里，如果有人取得了较大的成果，不用太着急，要以积极的心态去面对。如果你还年轻，那么可以想："没事，我还年轻，再努力几年，也能取得这样的成果。"如果你比较年长，看到年轻人这么努力，那么可以想："岁月给予我智慧，我不能靠体力胜出，要充分发挥智慧的力量。"

————————————

"做出成果来！"应该有非常明确的数据。当你将数据展示出来时，他人会清楚地看到你取得的成果。需要注意的是，在展示成果时，最好选择合适的圈子。专业度比较高的成果，业内人士可以非常清楚地感知到，而非专业人士很难感知到。

比如某语写同学完成了1000万字，他对外说"我语写完成了1000万字"，这句话如果出现在我们的语写社群中，伙伴们会为他点赞，这是他通过自己的努力取得的成果。而他若把这句话发到其他社群中，则很多人会想："语写是什么？有什么用？"

总之，当取得成果且宣布成果时，一定要选择合适的圈子。在这个圈子里，大家一听就知道你取得了怎样的成果，也会为你欢呼。换句话说，在合适的圈子里才能更好地体现自己的价值。

不同的人有不同的想法。比如你挣了1000万元，有人会说"挣这么多钱，肯定没有好好享受生活"，有人会说"哇，挣到这么多钱，好厉害，你是怎么做到的呢？我来学习一下"。这里再次强调，你不需要向所有人展示你的成果，只需要在合适的圈子里展示。

总结一下，"做出成果来"在生活中有3种应用场景：首先是提问，对方问你："做出成果来？"你可以不用太在意；然后直接去做，"做出成果来。"把你的想法变成现实；最后"做出成果来！"将客观的数据展示给大家。

第 4 章
创造可持续时间复利

4.1 时间比钱更"值钱"

算时间和算钱差别不大，而且时间比钱更"值钱"。我们要努力让自己"值钱"，并不断让财富增值。

时间比钱更"值钱"。如果你想在工作中提高效率，按照30年工作时间来计算，每天节省5分钟，一年250个工作日一共可以节省1250分钟（20小时50分钟），30年可以节省37 500分钟（625小时，26天1小时）。假设你的时间价值是1小时1000元，节省的时间相当于为你创造了62.5万元的财富。

我最初上班的时候，对上班路线不熟悉，每次都走大路。有一次去菜市场，我突然发现一条小路，若骑自行车走这条小路，则每天可以节省7分钟。我计算了一下，如果每天节省7分钟，一年按照250个工作日计算，就可以节省1750分钟。如果利用这些时间语写，那么按当时的速度，可以完成30万字，我觉得自己那一年过得十分充实。

大家不要小看这每天7分钟积累起来的30万字，如果每天节省7分钟，利用这7分钟不断地思考，那么10年后能不能多赚30万元呢？有可能。我们的赚钱能力可以不断提高，从而创造可持续时间复利。

———————————

你的本金是你的能力，只要你不断积累本金，时间越长，本金越多，收益越高。

假如你现在30岁，不断努力让自己增值，那么10年后，也就是当你40岁时，收入可能是现在的10倍、20倍，甚至可能是40岁之前的总和。只要持续积累，时间就会越来越"值钱"。

在未来的某一天，你可能在一年里赚到的钱是过去赚到的所有钱的总和。这种说法并不夸张，真的有人做到了。有人在53岁那一年赚到了过去52年赚到的钱的总和。这个人就是巴菲特。

1978年，巴菲特的资产是8900万美元；1982年，他的资产增长至3.76亿美元；1983年，他的资产达6.8亿美元；在

2022年福布斯全球亿万富豪榜上，巴菲特的财富值是1180亿美元。也就是说，40多年时间，他的资产翻了好多倍。

巴菲特出生于1930年，他11岁开始买卖股票，30岁成为百万美元富翁，50岁成为亿万美元富翁，60岁成为百亿美元富翁，80岁之后资产依然在增长。从1930年到2022年，他经历了经济大萧条、两次世界大战、战后经济复苏、美国经济"滞胀"时代、互联网泡沫等，跨越了时代和周期。

时代是大背景，但是不能说时代是什么样的，就会造就什么样的人。人的发展和自身能力有很大的关系。未来和过去相比如何，没有人可以回答。像巴菲特这样能够跨越时代、跨越周期做成一件事，不能说他只是运气好、生活在某个好时代，他一定有一些底层能力值得我们学习。

不要总把失败的原因归结于客观因素，而是要关注自己如何利用时间，以及能够做什么。同样是40年，每个人取得的成果却是不一样的。我们不能说这个世界上没有机会，也不能说处处有机会，关键是要主动寻找机会，跟着机会走。一个人只有不断往高处走，才能更好地抓住机会。

时间就是金钱，希望大家好好珍惜自己的时间，因为时间超级"值钱"。

4.2　积极地培养财富意识

一个人应该有目的地培养财富意识。在培养财富意识时，我们应明白以下3点。

- **凡是想积累财富的人，应该百折不挠。**

在积累财富的过程中，往往会碰到各种困难与问题。一般情况下，财富目标越大，碰到的困难与问题越多且越难解决。如果你有一个很大的目标，但在做事的时候碰到困难就放弃了，那么肯定不能实现。我们应直面困难，努力把目标完成。

- **凡是想积累财富的人，应该自我比较。**

你要想积累财富，应该不断和过去的自己进行比较，从而不断提升自己。

● **凡是想积累财富的人，应该目标明确。**

你想积累财富，那么具体想积累多少财富呢？你需要有明确的目标，想清楚到底要赚多少钱，写下来，再寻找达成目标的路径。

我是在大学毕业后，通过大量阅读，慢慢摸索，才逐渐培养起财富意识的。比如，一些财富图书的作者是超级富翁，他们在书中讲述自己的人生经历，你可以从中学习他们是如何对待财富的。如果没有这些作者，很多普通人可能没有太多机会学习这些用真金白银堆积出来的财富知识。

———————————

有一本书叫《财富自由：平民出身的富豪积累财富的原则和方法》，这本书的作者调研了众多平民出身的富豪，分析了其中有多少人是通过高收入获得财富的，有多少人收入不高但凭借勤俭节约而积累了财富，介绍了他们的财富思维和积累财富的方法。这些都有翔实的数据支撑，我们可以从中学到很多财富知识。

大部分人对财富的了解是完全不够的，说得"扎心"一点，就是没那么多钱。有一亿元的人和有一百万元的人往往具有极其不同的财富思维和做事方式。如果你的财富目标是赚一亿元，就需要向已经有一亿元的人学习财富思维和做事方式。

就好像你若没有到过山顶，就不知道山顶的风景美不美。但若有人去过，描述了山顶的美丽风景，并且告诉你有几条路可以到达山顶，那么你就会对山顶的风景有所了解，并且在自己登山时少走很多弯路。

财富意识应该有目的地培养。所谓有目的，是说财富意识不会自动出现，需要主动培养它。

本能不需要有目的地培养。比如你肚子饿了，不需要有目的地去吃饭，本能会控制你的行为，让你去找吃的。我们在做一件事之前，可以分析一下，它是否需要我们有目的地去做。

梦想、目标、机会大都需要主动追求，一个人只有发挥积极主动性，才能获得想要的东西。

财富意识在日常生活中不会以本能的形式出现，要主动追求才能拥有。换句话说，**你想变得有钱的时候，才会主动赚钱，从而变得有钱；你想提高收入的时候，积极采取相应行动，才会提高收入。**

如果你想赚更多的钱，让收入翻10倍，资产翻100倍，那么都要有目的地追求。你最好定下明确的目标，即具体的收入、资产价值及实现时间，而且一般目标越高，需要花费的时间越长。你平时应多积累知识，这样才有可能在未来某天实现目标。

有目的地培养财富意识，是在寻找自己的财富解决方案：如果想变得有钱，需要做些什么？

我们平时可以关注一些财富调研报告，了解宏观情况。大部分人30～40岁挣钱能力比较强，45岁之后可能达到顶峰。在此期间，你可能感觉自己的收入快达到顶点了，很难涨上去。在退休后，个人的主动收入可能会下降。

财富调研报告的数据可以指导你规划自己的财富目标，考虑如何保证自己的现金流。当然，每个个体都有所不同。对有的人来说，45岁只是起点，因为他才开始创业，接下来收入会逐步提升，60岁之后，他的被动收入可能会持续增加。

4.3　1 万字和 1 万元

1天语写1万字和1天赚1万元有些地方是相通的。

第一，你的实力应在1天语写1万字或赚1万元以上。

1天语写1万字很多人可以做到，但要想将这件事做到极致，你的实力应在1天语写1万字以上，全力以赴可以输出5万字、10万字。同理，要想确保1天赚1万元，你的实力应该在1天赚1万元以上。如果你的实力没达到1天语写1万字或赚1万元以上，你会感觉完成目标很吃力，有很大的压力。

第二，二者都需要系统学习或体验。

如果你原来没想过可以做到1天语写1万字或赚1万元，很可能就真的做不到。如果你想做到并且找到了合适的圈子，极有可能很快就可以做到。有些语写学员一开始进行语写训练，做不到1天输出1万字，但是在付费购买语写服务之后，经过专业指导，很快就做到了。这是因为他进入了语写的场域，有系统、有方法、有同学，所有一切都能够推动他实现目标。

赚钱也一样。我们应找到赚钱的场域，尤其是圈子。有时候圈子不对，怎么都赚不到钱，而一旦找到圈子，融入其中，就会发现赚钱其实并不难。

第三，高手的特征是稳定做到。

偶尔做到和稳定做到是两码事。无论是语写还是赚钱，都要非常认真地思考要想达成目标应做些什么，以及如何做，但不能想怎么做就怎么做，而是要稳定做到。

稳定做到依赖精心设计，每天做一些具体动作。比如开商店，每天要稳定地经营，不能今天心情不好就不经营，明天心情好就经营时间长一点。

如果可以，尝试一下挑战极限，看看自己的极限在哪里，1天最多能语写多少字、赚多少钱。如果你曾经做到1天赚100万元，下一步就应把已经达到的"极限"变成日常稳定值。若1天赚100万元，年产值就为3.65亿元，而要想突破极限，则需要十分努力。大家应试着去挖掘数据背后的信息和隐含的道理，一个人取得的成果若能稳定地达到某个值，背后一定做对了一些事。

挑战极限通俗地说就是触碰自己的边界。我们每个人都要努力触碰自己的边界。换句话说，我们要知道到底哪些事情是自己做不成的。你的力量若没发挥出来就只能叫潜力，发挥出来才叫能力。

我们要充分把力量发挥出来，努力创造可持续时间复利。

4.4　保持稳定的节奏

4.4.1　时间的稳定性

一个人拥有的财富可能起起伏伏，但其一生的总时间不会起起伏伏。

我们有时候觉得时间够用，有时候觉得时间不够用。时间够用或不够用是我们的感觉，时间本身是不变的。一个人无论活到多少岁，他的总时间都是可以计算的。即使他的一生跌宕起伏，可能赚到了很多钱，迅速积累了财富，也可能流失了财富，时间却总是被很均匀地分配给他，不会多也不会少，不会快也不会慢。

当我们的生活节奏发生变化时，我们对时间的感受也会发生变化，做事的动作可能随之变化。因此，我们要尽量保持稳定的生活节奏，这样可以更好地掌控生活。

金钱是流动的，财富总量是变动的。有时候，你感觉自己的钱够花，手上就刚好有一笔闲钱；有时候，你感觉自己的钱不够花，钱似乎突然就没有了。有的人实现财富自由的那一年，是自他出生以来赚钱最多的一年。他做事情并不是很注重结果，而是更注重过程。他没有想着要赚多少钱，而是非常喜欢所做的事情，全身心投入所做的事情。当事情完成后，他的财富还在不断增加。

时间从某种意义上来说是恒定不变的。一个人从出生到去世，总时间和时间分布是不变的。我们应尽量合理安排时间，均衡安排将要做的事情。

在时间一定的情况下，我们应关注财富积累的过程，而非财富积累的结果。大家最好能做自己喜欢的事情。

当你不过分关注结果，以过程为导向时，就进入了相对成熟的阶段。先不说最后能赚多少钱，若你享受做事的过程，则通常能取得一定的成果。

4.4.2 创业的稳定性

我做"语写"这件事，一开始很多人问："你是怎么想到的？"我一开始并不能预料到自己能取得什么样的成果，只是比较喜欢进行语写训练，并且努力把这件事情做到极致。我也尝试过做很多其他的事情，在开始创业时，有好几个项目可以尝试，每个项目都可以养活自己，但我最终选中语写。

如果你想创业，那么应准备多个备选方案，不能哪个项目赚钱就做哪个项目。有些看起来赚钱的项目，做起来可能让人很难受。

实践证明存在。做任何项目，只有真正做到了，财富增加了，才说明项目有"活下来"的可能。财富增加有时并不代表这个项目很赚钱，但至少代表生活稳定。每个月有稳定的收入，做起事来有节奏感，心里很踏实。这很像工作带给人的稳定性，每个月领工资，虽然不会让你的财富迅速增加，但能维持基本生活，这样你的心里就有底，可以量入为出。

———————————

如果哪个月没有收入了，我们的心里很容易慌，这时候要赶紧想办法赚到生活所需的费用。若现金流不稳定，则做事情底气不足，容易失去动力。很多由兴趣驱动的项目，在保证项目自负盈亏之前，都不太可能长久做下去。

好的创业项目虽然可能不会让人一夜暴富，但也不能连续几个月没有收入；不要求一个月赚到一辈子需要的钱，但是应持续创收，每个月都有资金流入。

项目收入不在于绝对值的大小，而在于是否长期稳定。财富值会起起伏伏，但只要不断有资金流入，就可以保证现金流，在必要的时候我们要缩减开支。

如果项目周期足够长，你就有足够多的机会去探索这个项目的优势和风险。你不能只看到一个项目的优势，而是要全面考虑，如注意考虑它的风险。在做事的过程中，项目风险会逐渐显现出来。

在评估项目时，我们可以借助以下3种方法。

一是评估自己能否接受最坏的情况。如果可以接受最坏的情况，就去做。

二是向有经验的人请教如何"避坑"。任何项目都存在一定的风险，我们可以向有经验的人请教，以避开常见风险。就像查理·芒格所说："要是知道我会死在哪里就好啦，那我将永远不去那个地方。"

三是如果以自己的能力无法启动项目，就去找合作伙伴、找资源。如果有人为你投资，有人为你背书，有一批客户愿意购买产品或服务等，那么你是很幸运的。

4.5 自由地赚钱

4.5.1 跳出工作来赚钱

我以前是一个非常不积极"搞钱"的人，在看了一些书之后我才明白，赚钱的速度应该加快，最好能在黄金年龄赚到一辈子需要的钱。这就需要和时间赛跑。在赚到足够的钱后，就不用担心生存了，可以把时间用在自己想做的事情上。

我们应从0到1真正把项目做起来，不应只看到别人赚钱似乎很容易。你应该关注的是，在赚钱之前，别人积累了多少资源，付出了多少努力，经历了多少次失败。在了解这些后，就知道自己准备得是否充分了，时间使用方式、整体资源、经验积累等都要考虑到。如果你还处于求生存阶段，其他追求就和你没有太大的关系，你应该在生存的基础上求发展。

把时间花在什么地方，是一开始就要思考和规划的。一下子拥有很多自由时间和一下子拥有一大笔钱相似，很多人不知道怎么使用，或者说在使用的过程中会"踩坑"，可能会将时间浪费一半甚至更多。

如果给你一大笔钱，不用工作，突然有了时间和一大笔钱，你知道怎么花吗？很多人不知道。你一定有很多想做的事情，现在可以去想象这些事情，并把它们列出来。一旦有了时间和一大笔钱，你就可以去做自己想做的事情，两小时做两小时能做的事，两个月做两个月能做的事情。

有的人哪怕收入再翻10倍、20倍，依然达不到想要的财富值，因为他的欲望是不断膨胀的。只要一个人有能力，完全赚不到钱的概率比较低。

如果公司把时间给你，还给你支付几个月的工资，这段时间应如何使用呢？你可以提前思考和规划。

想想自己这辈子要做什么，思考未来对你来说非常重要的事情，比如可以思考几个月之后的事情。只要你觉得生活是充满希望的，事情本身是否有希望，就已经不重要了。换句话说，如果你对未来有信心，未来呈现给你的是什么样子已经不重要了，因为你相信自己可以将事情做好。

4.5.2　不做自由焦虑者

在做任何事时，一开始就确立原则非常重要。自由职业者开门做生意，一开始就要想"要赚多少钱"。

这一点自由职业者要特别重视。自由职业者要先想清楚自己的理想收入是多少，要尽量稳定自己的收入。没有稳定的收入，就没有自由的职业，只有焦虑。

自由职业者需要确定一个生存线，若当月的收入在生存线以下，则必须先赚钱，保证生存；若当月的收入在生存线以上，则应做有利于发展的事情，不能单纯地赚钱。这就是我一直强调的"在生存的基础上求发展"。我们一定要认清生存线，从一开始就全力以赴保证生存，接下来的自由时间全力以赴求发展。

要成为自由职业者，不要成为自由焦虑者。

如果你要做自己想做的事情，有两个硬性标准：一是时间自由，你可以想做什么就做什么；二是经济自由，基本生活有保障，或者每个月都能赚到生存需要的钱，这样你才能不焦虑，按自己的节奏做想做的事情。如果现金流出现问题，你可能会变得焦虑，急于赚钱，甚至做出错误的选择。

大部分人着手做自己想做的事情，或多或少都带有情怀，而情怀也需要"花钱"。通常来说，因情怀而做事，会想把事情做得更好，一次次打磨产品和服务，对变现可能看得比较淡。有几年，我在语写服务上对变现看得比较淡，一方面这是对的，可以把产品打磨得很好；另一方面要注意，如果一个非常好的产品没有用户购买，就说明没有充分发挥它的价值。做产品要走在用户前面，也要真正迎合用户的需求，让市场来验证。

我在2022年锻炼直播技能，有很大的收获，因为直播非常锻炼一个人的综合能力。前面300多场直播，我的迭代速度非常快，尝试各种直播方式，还布置了专门的直播区域等。几个月之后，我找到了比较适合自己的方式——语音直播。我觉得语音直播非常自由，可以在直播中给大家传播更多理念。我不用关注外界的环境，只需要把内容呈现出来。

我并不是2022年才开始做直播的，几年前我就开始投入了。最开始做直播，花了几万元钱购买设备。其实，我发现直播的设备不一定很贵，只要有手机就行，重点还是内容要好。

在做新产品或新课程时，我会在一开始投入比较多的时间准备资料、探索流程，找到简单的方法，将整个系统打通。

当我们学习新知识或技能时，可能有人会问："学这个到底有什么用？"我一般不想这个问题，决定了就专注投入。我比较提倡在进入一个新领域后，先埋头干300小时。

4.5.3 如何赚 1 亿元

当你坚持做一件事一段时间之后，就会有一个神奇的发现：不管你定下的目标是什么，有生之年大概率会实现该目标。有些目标可能你根本不敢细想，仅仅头脑发热写了下来。

如果你在脑海中认真构思目标实现的画面，并且不管从哪个角度，画面都清晰可见，那么大概率该目标能实现。

假设你的目标是在某一天赚到1亿元，你就要想象自己拥有1亿元的那一天是什么样子的。这1亿元从哪里来？你做了什么获得了1亿元？一点点深入思考，你就可能想到赚到1亿元的方法。这些方法在你的脑海中要清晰可见，你可以尝试以下方法。

第一种方法，找一个发展前景特别好的公司，跟公司一起发展。

这个公司最好现在不厉害或者不起眼，未来可能非常厉害。你要加入，并成为它的创始员工。这时候公司员工不多，你和公司一起奋斗、一起成长，直到公司发展起来。

海底捞现任CEO杨利娟是海底捞第一位服务员，她17岁加入海底捞，2022年成为海底捞CEO，资产最高时过百亿元。

第二种方法，若你的专业能力足够强，则可以跟着优秀创业者奋斗。

1999年，蔡崇信放弃70万美元年薪，加入阿里巴巴；2022年，其资产达到84亿美元。

第三种方法，若你手上有一笔自由资金，则可以将其投入有发展前途的项目中。

在"滴滴"还是一个想法的时候，投资人王刚拿出70万元，创始人程维拿出10万元，二人凑齐80万元开始创业。后来滴滴上市，这70万元的投资为王刚带来了巨大的收益。

———————————

以上只是简单地介绍赚到1亿元的3种方法，大家应努力提升赚钱能力，早日实现财富自由。

你要想达成目标，应具备一种力量：持续和稳定的力量。

　　什么是持续和稳定的力量？以前，有一个年轻的小伙子能力很强。有一个老板很喜欢他，创业的时候拉着他一起干。小伙子做了一年半，觉得创业很辛苦，于是趁着家里有事请假回家了。在家舒舒服服地"躺"了一段时间后，他就不想再回去上班了，于是辞职了。5年后，小伙子30岁了，能力依然不错，他重新找到了年薪200万元左右的工作。但他突然发现，原来那家公司中和他一起进公司的同事身价都过亿元了。

　　有的人可能会遇到很不错的机会，却因为不具备持续和稳定的力量，不能坚持做下去，遇到困难就逃跑，失去了好机会，巨额财富就这么与他"擦肩而过"。

　　如果你的目标是明确的，就应先确定可行性方案，再坚定地执行下去。

4.6　轻松前行

做任何事情，只有感到轻松，才能坚持很久。

不知道你有没有一种体会：在玩得不开心、不尽兴的情况下，做事效率不高。玩，是一种放松。只有轻松前行，才能更有效率地做事情。

负重前行能走多远？轻松前行能走多远？我们的精力就像电池，存储的能量是有限的，需要充电放电，每天睡觉属于充电，适当放松也属于充电。其实，最好在感觉累之前就适当休息。

轻松前行，首先一定要睡好。只有睡好了，才有精力做事。如果睡眠不足，我们很可能无法专注地做手头的事情。根据我的时间记录经验（具体请见《时间记录：数据反映行为，行为改变数据》），睡眠是非常重要的。你若减掉了睡眠时间，生活的其他方面就可能会出现问题。

其次，主动安排玩的时间。我在《时间记录：数据反映行为，行为改变数据》一书中提出：每天用8%的时间，也就是大约2小时，进行休闲娱乐，可以更好地做很多事情。休闲娱乐需要积极主动地安排，不管是冥想、运动，还是其他活动，都要达到放松的效果。

一天中比较轻松的时候，并不一定是玩得非常嗨的时候，而可能是做事效率非常高的时候，或者做了很多事情之后。那一天，你也许非常忙碌，但忙完之后特别开心。这种"忙"如果持续一段时间，你可能就没那么开心了，会觉得很累。突然有几天很忙，过段时间又非常闲，你可能会十分慌张。有张有弛，才是轻松前行的基本保证。

一个"玩"得不开心的人，可能做什么都效率不高；但玩得太过了，做事也没有效率。我们需要玩，但不能玩得太过，也就是说我们应适当放松，但不能过度放松。如果希望自己快速进入做事状态，最好提高行动频率，比如我为了挑战一年完成1000场直播，每天设定3个时段，3次进入直播状态，在训练一段时间后，我的直播状态就比较稳定了。

4.6.1　最小成长体系

如果你觉得事情做不过来，或者效率不够高、时间不够用，怎么办？你会把事情往后推吗？若今年没空做，就明年做；若明年还没空做，就后年做。我若打算做一件事情，一般会立刻开工。在执行的过程中，若我发现这件事要10年才能完成，就会把它安排到生活中。当它融入生活后，就不会出现类似"我只能努力做这一件事，不能做其他事情"的情况了。

很多人在日常生活中稍微加一点事情，就可能顾不上，若做新安排的事情，其他方面就失衡了。这种情况要尽量避免。我在2022年做直播，每天进行3场半小时的直播，这是经过精心设计的。若连续直播一个半小时，对我和观众来说成本都比较高，半小时是比较合适的。直播的时间分别安排在早、中、晚，不影响我的工作和其他安排，也不影响我日常给大家提供有价值的信息。早、中、晚分别直播半小时，观众会比较轻松，注意力也比较集中。

如果想把一件事融入生活，并让它持续存在，应该满足一个条件——搭建最小成长体系。这个体系的特点在于你在日常生活中做事，很努力地做，在做成之前，其他人并不知道。

举个例子，刚开始进行语写，很多同学的成长速度比较快，特别有收获。有的同学非常激动，于是把自己的收获和成长感受分享出去。如果他的根基不是特别稳固，分享后会遭遇一些打击，会被人质疑："每天写1万字有什么用？""每天看书也没看出什么来呀！"

你在日常生活中取得的小成果，别人无法感知到。但当你成长到一定阶段后，他人会看到你的成长，可能会向你请教：你做了什么，表达力得到飞速提升？因此，成长后再去说，对方才会真正重视你所做的事情。我们只能通过自己做到来影响他人。

坚持做事三五年之后，实践前后的效果可以清晰看到，这时才能说出去。

好的行为和习惯在还是理论的时候就分享出去，他人不一定能立刻感受到。影响一个人的行动，是非常难的事。双方都要付出很多努力，才能最终匹配，双向奔赴。

我们彼此能通过这本书相遇，我付出了很多努力，你也付出了很多努力。我付出的努力是让自己成长到一定阶段，并将成果分享出来，写成这本书；你付出的努力可能是在生活中遇到了困难与问题，于是想办法解决它们，甚至尝试了一些解决方案，但结果不尽如人意，后来在继续寻找解决方案时看到了这本书。你只有感觉自己需要，才会来读这本书；若你感觉不需要，我们就会擦肩而过。今后如果有合适的时机，也许还会再遇见。

4.6.2　为未来准备足够多的钱

如果你希望取得比较大的成就，最好能赚足够多的钱。因为在取得成就的过程中，很多东西都需要"烧钱"。

首先，你的时间需要"烧钱"。专注地做一件事，需要投入时间，这段时间如果没有足够的钱支撑，可能做到一半，现金流断裂，就不得不为了生存奔波。

其次，相关的配置需要"烧钱"。如果你是一名画家，就要实现画具自由；如果你是一名写作者，就要实现买书自由和写书设备自由；如果你是一名摄影师，就要实现相机自由。

如果你三四十年都不用担心钱从哪里来，就可以专注地做自己的事情了。当你想去哪里就能去哪里，想做什么就能做什么的时候，可以做成很多事情。叔本华生于富商家庭，不需要为了生活打工挣钱，可以专注地研究哲学，把自己的想法毫无保留地发表出来。

我有一个朋友非常喜欢旅行，已经去过全球80%的国家。有一次，他想从国外回来，但不是很方便，必须在那边多待几个月。我们都劝他："现在环境不稳定，赶紧回来。"他说："不着急，银行卡里的余额还够，生活几年还是挺轻松的。"于是，他继续在国外做自己想做的事情。

任何事情在探索阶段时都需要投入成本。若我们提前准备了足够多的钱，就会比较有底气，能做更多的事情。当然，并不是说一定要非常有钱，才能取得很大的成就。我们要充分利用现有资源去创造，把力所能及的事情做到极致。

阅读是成本很低的成长方式。只要你认识足够多的字，就可以从书中获取知识，之后还要靠自己努力奋斗。

我曾经听一个前辈说过：人的觉醒，有时候需要借助运气。两个人年龄差不多，家庭背景差不多，生活环境差不多，成长经历差不多，但多年后他们有可能天差地远。不管多么努力，一定要让自己处于比较轻松的状态，不能太用力，用力过度若发现一无所获，容易打击自信心。只要把力所能及的事做到极致，不断向前就行了。

在成为高手之前，要用高手的方法去训练。高手的特质是稳定，行为可预测。比如语写，不管有没有钱，每天拿出1小时来语写是比较容易做到的。

有足够多的钱，可以让我们在生存的基础上求发展，实现自由创造。

4.7 拓展思维的方法

拓展思维需要聚焦做事。

如果你在做事的时候遇到了难关，那么你是选择直接放弃，还是想办法解决问题？大部分人的答案是想办法解决问题。这就是拓展思维的时机。在拓展思维时，可以参考以下4点：

第一，乐于接受各种创意；

第二，具有体验精神；

第三，主动前进；

第四，相信体验就是进步。

4.7.1 聚焦做事

第一，乐于接受各种创意。

在实现目标的过程中，当遇到难题时，只要积极主动地想办法，一定可以想到合适的解决方案。

我们应该把"不可能""绝对不行""很愚蠢"这些想法都摒弃，因为它们会阻碍思维的拓展。

我们要乐于接受各种创意。我们应积极主动地探索新想法，或者找人出主意、提建议，自己再对这些内容进行筛选。

别人给你提供一个建议，如果你不采纳，不会产生任何成本，生活也不会发生变化；如果你采纳了，生活可能会变得更好，长期来看会拉开一定的差距。比如别人给你推荐书单，你接受建议，于是买来书阅读，做这件事的成本并不高，不读这些书，短期来看也没什么损失，但长期来看，你若没有接受建议，可能多年后你会拍着桌子说："当年朋友推荐过这本书，应该早就看的。"那为什么不早点买下这些书，先看一下呢？哪怕只看几页，也许就会有很大的启发。

一个人不接受好的建议往往没有成本，接受了收获会非常大。建议大家认真考虑各种建议，若觉得对自身有益，应立刻去践行。

第二，具有体验精神。

人生是一个不断体验的过程。生活中大部分事情，试一下，大概率没什么坏处。一个人如果一直按部就班地生活，不去体验新事物，那么生活会非常无趣；一个人如果大胆去体验新事物，就可能有很多新的发现。因此，我们要具有体验精神。

需要注意的是，体验的成本一定要低，不能花太长时间。你需要快速判定什么事情不能做，筛选掉那些不适合你的。

最好的方法是为要做的事情设定时间：这件事做多长时间——一年、两年，还是五年、十年？平均每天花多长时间？有些事每天做效果更好，有些事则最好不要天天做。

第三，主动前进。

在碰到困难与问题时，我们要主动向前迈进，不要等困难与问题找上门才想办法，一定要主动思考：还有什么没想到？还有哪些方面可以做得更好一点？

如果某个阶段，你觉得自己在原地踏步，一定要逼自己一把，主动前进，争取大幅度进步。这种大幅度进步是感觉自己人生突然进入更高的发展阶段，是原来取得成果的2倍至3倍，甚至10倍。在到达一定阶段之后，要停下来休整一下，稳固取得的成果。休整不是指完全停下来不做事，而是按照新的节奏做事，将基础打牢。不要一飞冲天后马上掉下来，每次向上之后都要休整一下，一步踩实一个阶梯。

第四，相信体验就是进步。

当想到一个方法时，你可以体验一下，因为体验本身就是一种解决问题的方法。

我们在体验的过程中会有所收获，可以说体验本身就是一种进步。甚至有的时候，人们就是为了体验而体验。

4.7.2 按自己的节奏做事情

按自己的节奏做事情，不看短期，看长期。

如果你在人生某个阶段做一件事情，总感觉自己力不从心，那么不要气馁，原因可能是你没有把握好做事情的节奏。遵循自己的生活节奏，让自己感到舒服，不委屈自己，这样才能把一件事情持续做下去。

学习也是如此。如果学习的时候，没有拼尽全力，总感觉跟不上，可能是没有把握好节奏。小时候上学，家里、学校都会营造学习环境，我们会感觉学习比较顺。现在你若感觉学习或工作不顺，可以想想哪里不对，找到卡点，并进行调整。

人生每个阶段都有重新学习某个领域知识或技能的机会。这是一种选择，不是一种安排。

最初做直播时，一场两小时，我感觉比较吃力，后来我把直播改成一天3场，每场半小时，就感觉轻松多了。这和在生活中养成习惯很像，比如一次运动40分钟，一周运动5次，会感觉比较轻松，但一次运动200分钟，一周运动一次会感觉很累。在培养习惯时，要找到自己的节奏。这个节奏，生活会给我们启示。

除了每天交付3场直播，我还会根据需要在白天多做一些直播。在直播练习阶段，我的目的有3个。

第一，确认自己所采用的方法是否有效。

第二，探索直播经济市场有多大的潜力。

第三，通过直播进行理论实践。

———————

生活中的很多事物，我们要看其背后的东西，这些可能不会反映在数据上。比如一个孩子长得很高，初中时就长到了1.8米，只是因为遗传吗？有没有可能是因为孩子爱运动呢？我们要做的是分析事件背后的原因，进行客观的评价。

我们可能看到的表象是一个人达成了比较大的目标，没有看到的是一个年轻人有一个梦想，这个梦想很大，不是一天可以实现的，但他不懈努力，他的梦想10年后可能实现。他会一次又一次要求自己，在某个领域努力奋斗。10年后，他抓住机会做出了成绩。与其说他抓住了机会，不如说他拒绝了很多诱惑；与其说他突然做出了成绩，不如说他从10年前就在做规划，一直在朝梦想努力。

做与众不同的事情不一定很难，很多事情历史上都有人做到过。若看到有人做成了一件事情，就可以去找他的传记及其他资料，分析他的经历、行为、生活等，从中获得启发。

4.8　让自己忙起来

让自己忙起来是解决很多问题的"良药"。我们之所以对未来焦虑、担忧，大多数时候不是因为太忙，而是因为太闲了。

这里的"忙"不一定限于大脑，还包括身体，当我们专注地做事时，可能手在动，脚在走，嘴巴在动，大脑在高速运转。你的身体总有一个部位在动，这就是"让自己忙起来"。

在日常生活中，如果你觉得自己的状态不是很好，就可以认真想想："是不是因为最近没有做成什么事？"每个人都有将事情做成的渴望，都希望自己取得一定的成果。

有的人长期不做事会特别难受，比让他做很多事还要难受，这是因为做成一件事会让人有一种自己变得很重要的感觉。我们希望自己能在生活中承担起一定的责任，做成一点事，提供一些价值。

你有没有试过一整天不做事，或者好几天不做事？一整天不做事可能还好，但如果好几天不做事，有的人会心里发慌。人不能太闲，要让自己忙起来，忙起来可以消除90％以上的忧虑。

4.8.1 一早就开工

有时候我们不够忙，也容易产生一种假想，感觉自己很忙。有一部分人喜欢把时间花在准备工作上，而不是具体做事情上。

比如，一个人有一件重要的事情要做，他会说："我再想想，做些准备。因为待会儿要干很多活，所以先放松一下。"这就是本末倒置，时间也浪费了。

你每天几点上班？上班前会做些什么？会不会很忙？我之前在职场的时候，每天早上去上班前都很忙，要做的事情很多。当我坐在工位上开始一天的工作时，就感觉自己已经开工好长时间了。忙什么呢？我会复盘昨天的工作，做当天的规划，准备材料等。

之前上班时间是9点，我一般7点左右出门，这时候出门，半小时就能到达目的地，稍微晚一点出门，通勤时间就要一小时，路上容易塞车，有可能会迟到。

到公司附近，一般还有一个半小时才到上班时间，我就会找地方进行语写训练。当时网络信号不是很好，而语写需要找一个网络信号较好的地方。那时候语写时，我必须和手机好好配合，说完一句话之后，等文字出现，才能说下一句话，不然系统跟不上。这有点像牵着一个小朋友走路，应该配合他的速度。

——————————

让自己忙起来，一是可以得到很多机会，二是精神状态会更好，三是会感觉一整天时间多了很多。

我们早上醒来后应马上干活，最好前一天晚上做好规划。若一醒来就干活，就感觉今天重要的事情已经开始做了，而不是到了办公室才开始做。这样可以提前完成很多事情，到办公室后可以直接进入工作状态，而不是准备进入工作状态。

如果出门比较晚，到了公司打开电脑、吃早餐、和同事聊聊天、写工作计划，10点才会正式进入工作状态。如果长时间不认真对待工作，很多机会会在无形中丢失。

如果你从6点多就已经开始做这一天需要做的事情，从家里到公司，就是从一个地方换到另一个地方，工作效率不会降低，甚至从一个场景转移到另一个场景，工作效率会更高，9点上班前已经工作了两三个小时，接下来会比较轻松，一整天都能保持活力满满。

当家里有了孩子后，需要花时间陪伴他。你可以在自己状态比较好的时候陪伴他。晚上下班回家后比较累，陪伴的时间不够，质量也可能不高。如果能培养孩子早起的习惯，一家人都早点起床，6点至7点陪孩子玩儿，8点多出门，告诉他爸爸妈妈出门上班了，这样就能保证陪伴孩子的时间和质量了。

如果你仔细观察过孩子，就会发现孩子的手停不下来，特别喜欢动来动去。为什么呢？因为他的大脑在接收新信息，手在积极探索。其实，成年人也有这种现象。如果你没有太多烦心事，做一些手工活的时候，大脑里的杂念比较少，你的手有时也会停不下来。你可以做一个实验，拿出一段时间（10~20分钟即可），不刷手机，也不做其他事，看看自己会不会动来动去。

我们并不需要特地让自己忙起来。只要放空自己，我们的大脑就会动起来，就能想到很多重要的事情。在日常生活中，如果我们没有把一些琐事排除掉，重要的事情就容易被推迟。一天留出两小时左右的休闲时间，其中包括发呆时间，是很有必要的。你可以什么都不做，就想一想今天最重要的事情是什么。

4.8.2 想到就立刻去做

一件事情，一定是先想到才能做到，想的过程中就得思考怎么做到。虽然这时你并没有真正做到，但脑海里应想象可能碰到的各种情况，这有利于实现目标。

在一个目标确立下来之前，应该在脑海中反复出现过，并且经过了多次确认。实现目标的过程只不过是把脑海中的想法实体化，把想象变成现实。就好像你要去一个地方，一定会提前思考如何抵达，是走路还是打车、乘高铁、坐飞机，想象路上的经历、目的地的样子等。尽管还没有到达目的地，你已经感受到自己在那个地方了。

如果你要去一个从未去过的地方，往往速度比较慢，花的时间比较长。但在去过一次、两次、三次后，你前往的速度会越来越快，所花时间越来越短。做其他的事情也是如此，在语写训练中，写自己熟悉的领域往往速度很快，写自己不熟悉的领域速度则比较慢。如果语写人想提升语写速度，可以区分一下熟悉和不熟悉的领域，进行针对性的练习。

"今天"是一个比较特殊的日子。为什么特殊呢？因为你赋予了它特殊的意义。**你可以在"今天"做一件特殊的事情，让以后觉得"今天"值得纪念。**

我们要主动让自己忙起来，尽量不要让自己太闲。如果你在年轻的时候，花费了大量的时间提升自己，如阅读、写作等，使赚钱的速度远远超过花钱的速度，并且可以控制赚钱的节奏，就不会特别忙。提升自己可以让自己变得"值钱"，从而更好地创造价值。

如果你忙得不可开交，也不用太担心，生活质量一定有提升的空间，你可以试着腾出一些时间来学习，不断提升自己。即使到了45岁、65岁，甚至85岁，你依然可以学习，依然可以不断进步。

4.8.3 早点确定你的目标

人生规划对大部分人来说是有必要的。但是，很多人并没有意识到人生规划的重要性。世界上不缺乏有目标的人，缺乏的是有明确目标的人，极缺的是有远大的明确目标且坚定执行的人。事实上，很多人并没有明确的、具有指向性的目标。

如果你有一个相对远大且指向性明确的目标，那么你已经走在大多数人前面。如果你在年富力强的时候，就知道自己这辈子要做什么，并为之积极行动，那么你是非常幸运的。

时间十分神奇，在做事的过程中，它会一次又一次地赋予你强大的力量。就好像我们看一个孩子，看的往往是他的未来，他成长后的样子。每个人都要对自己有信心，不管年龄多大，也不管你目前在哪里，重要的是你要去哪里。

只要你下定决心要去一个地方，就一定可以抵达目的地。前提是出发的时候，你就确定目的地在哪里。有了明确的目标，做事才会有效率，因为你知道自己要做什么，会让自己忙起来，直到达成目标。

现在让自己忙起来，以后可能就不那么忙了。以后"不那么忙"不是说真的不忙，而是说当一个人的效率提高到一定程度后，做事会得心应手，但他可能还是会忙一些更重要的事。

举个例子，如果你一天能挣100万元，是不是可以一个月上10天班，上两个月，拿2000万元年薪？对大多数人来说，2000万元是一大笔钱。两个月拿到这么多钱，就可以不上班了吗？不是的，你的合作伙伴、客户、经纪人、周边的人可能会说："你这么有能力，不应该'躺平'，来做点事吧。"他们总能给你找一些事情做，让你承担越来越大的责任。

一个人能力越强，做事效率越高，做的事情越多，并不会那么闲。"让自己忙起来"是说要让自己真的忙起来，而不是假装在忙。

假装在忙就是这里收拾一下，那里收拾一下。在理想的情况下，前一天就应该想好今天要做什么。因为提前准备有时候只是顺手的事情，而专门做准备，有时候要花很多时间。比如下班后去超市，就可以买好第二天做早餐需要的基础原料，而要是到了第二天早上再去买，可能超市没有开门，时间很容易在无形中被浪费。

4.8.4　感觉累了就休息

我们不需要做太多准备工作，应尽可能花费较少的时间做准备，直接去做事，感觉累了就休息。我们不应该在行动之前就想"好多事，好累啊"，尽量做到上班之前精神抖擞，下班之后精神抖擞，晚上睡前精神抖擞。我们应该让压力在达到能承受的极限之前就休息，也就是感觉累之前先休息，就像在饿过头之前吃东西，可以及时补充能量。

累过头之后再让自己睡觉，可能反而会睡不着。因此，我们应在没感觉那么累之前就主动休息，这时不需要过多修复，三五分钟就可以缓解疲劳。

如果你现在很忙，那么可以思考一下原因是什么。是需要做的事情突然变多了？还是过去有一些事情没做，以至于短期内要做很多事情？这就像考试，一个人平时不好好学习，考试前一天就会很着急，焦虑很多知识点都不会。但如果他平时用心学习，该掌握的知识点都掌握了，考试前就不会很焦虑。

4.8.5　早点觉醒

你有没有觉得自己觉醒的时间比较晚？就是说，你知道学习成长是有用的，但是没有早点开始学习成长。当你真正认识到并且开始学习成长的时候，年纪已经大了，要花很长时间才能得到成长。

人在35岁之后，可能就会感觉到学习速度、接受新事物的速度比以前慢了，其中有两个主要原因：首先是身体机能在慢慢下降，其次是学习成本变得越来越高。年轻的时候，我们的身体好、时间多，无所畏惧，什么都想尝试。随着年龄的增长，在尝试新事物前，会动手查资料，计算投入产出比，当确定值得投入后，才会真正开始行动。

我们觉醒的时间应尽量早一点，年轻的时候就应积极主动地做事。养成早点做事的习惯对于每个人都很重要。

就拿赚钱来说，你计划什么时候赚够一辈子需要的钱？如果你能活到90岁，计划到60岁退休，60岁之后的30年想干什么就干什么，那么应该提前30年赚到一辈子需要花的钱，应从现在开始抓紧赚钱，不要再慢悠悠地，因为早一点赚到足够的钱，就可以早一点做自己想做的事情。

如果你想在年老后写下自传，那么应从现在开始多收集素材，到时候才有内容可写，也就是说你要把力所能及的事情做到极致。

要做到这一点，你需要从现在开始，找到自己热爱的事情，倾注所有努力把一件事情做到极致，这样自传的素材才会更丰富。

4.8.6　在合适的时间做合适的事情

如果你有一个远大的目标，就应该珍惜每一分钟。这并不是要求你一整天都紧绷着神经做事，而是要求你一旦有时间，就提前去准备以后可能发生的事情的应对方案，将目标向前推进一些。就好比种一棵树，3月份想起来，12月份才去种，再怎么忙活也没有用，因为种树的时间不合适。3月份想起来就应该马上去种，拿起铲子挖个坑，把小树苗往里面一放，埋土、浇水、施肥，小树会随着时间成长起来。在合适的时间做合适的事情，不需要做太多准备。

人的一生也是如此。

假如你在20～30岁时看了很多书，懂得了很多道理，那么当你31～40岁时，就可以把精力放在实践上，从而实现快速成长。"实践证明存在"，只要你真正去做，就会发现道理和实践、期待和成果，其实相差甚远。

这样你在41～50岁时，就能取得一定的成果。这是因为你之前已经花10年的时间把懂得的道理都实践了。光说没用，我们应该积极去做。

更长远的事情应该在20多岁就开始考虑，我们无法在做到之前证明自己做到。"实践证明存在"是说在懂得一个道理后，把它用于实践，证明它正确。有的道理我们需要花10年，甚至20年时间才能证明自己能利用它做成事。

有些事情有"窗口期"，我们若能够抓住则可以节省很多时间和精力；若没有抓住，则以后行动的成本可能很高。

比如个人事业发展，在20～30岁这一阶段，要探索自己喜欢的事情，换工作甚至换行业比较容易；到31~40岁这一阶段，要深入工作，35岁之后再尝试进入一个新领域，成本会比20多岁的时候高很多，这时候工作不适合变动太频繁，如果变动，一定要深思熟虑。

一般来说，人们20~30岁还有一个重要的任务，就是成家。稳定是高手的特质，家没有稳定下来，生活就难以稳定，那么未来怎么稳定呢？我们20多岁有很多事情要做，谈恋爱的时候，一般也会很忙，要干好工作，两个人也要不断磨合。等你到一定阶段，要忙工作，又要忙家庭，升职加薪带团队，甚至创业，承担的责任会越来越大。

我们应让自己在合适的时间忙起来，每个阶段有每个阶段要忙碌的事情。

4.9　长远的规划

如果规划做得比较好，那么在开始行动之后，会感到比较顺利，有时候只需要等着收获就好了。如果没有规划好，事情做到一半就可能觉得路径不对，总感觉缺了一些什么。

在长远的规划中，会涉及人生规划，也包括日常看起来不重要，实际上指向终极目标的一系列行为。我们做事情的时候，除了每天努力，也要指向未来。

长远的规划要求我们考虑30年之后甚至更长时间之后的事情，要指向某一个特定的未来。人生是分阶段的，每个阶段的侧重点有所不同。比如，一个人20多岁到60岁一般在职场打拼，时间是40年左右。这个阶段我们主动工作，赚取财富。如果你能将收入存下来，进行合理投资，退休之后就会获得被动收入，如果想做事还可以有部分收入，能生活得不错。在做长远的规划时，我们需要将这些都考虑进去，从现在就开始考虑退休以后的生活。

我们可以把"这一天"定义为特殊的日子，在这一天做一件不一样的事情，赋予这一天特别的意义。针对3年（或5年等），制定一个规划，比如3年后的这一天是什么样子的？按照已经发生的状态写一些事情。比如3年后，你在哪里？在做什么？生活是怎样的？工作做得如何？收入增长了多少？有没有结婚？有没有孩子？如果有孩子，孩子多大了？

如果没有目标，人就像漂在海上的船，大海很大，不知道在哪里靠岸。如果你知道目的地，不管多远，你都确定自己可以抵达。不要怕目标无法实现，不要怕定下的目标太远大，只要进行合理的规划，并开始行动，总有一天能实现目标。

3年或5年的规划我们可以清晰地写出来，如果是10年、20年的规划，写起来可能不是很清晰。这时候可以使用"罗列法"。当你不知道要做什么的时候，就可以使用罗列法，它能帮你解决大部分问题。

我们可以使用罗列法把这辈子要做的事情全部列出来，然后去做。也许你列出来的事情一辈子也干不完，没关系，先列出来，再挑选重要的事情做。我们也可以每天用罗列法把当天要做的事情列出来，如果有能快速处理的事情，就立刻处理。比如，如果你有2分钟内可以处理的事情，就可以先搞定它。如果你现在不处理，可能一会就忘了，想起来再处理可能要花10分钟甚至更长时间，这样一整天的工作都会受到影响。

每个人对未来的规划都不一样。如果你是自由职业者，那么你可能不知道自己将来能赚多少钱，却又必须承担起自己的责任：为生存而奋斗。也就是说，不管未来如何，你都要完成"生存"这一基本任务，要按时给自己发足够支撑生存的工资，每个月赚到的钱应不低于某个值。

自由职业者应努力赚到基本生活所需的钱，并且最好能再多一点。若有剩余的时间，则可以自由安排。自由职业者不一定意味着收入不稳定。你可以尽力做到稳定，努力达到最低目标。

————————————

总之，人生有很多事情可以做，在做规划尤其是长远的规划时，我们可以将要做的事都列出来，再进行筛选。成长对有的人来说是刚需，对有的人来说不是刚需。一个人只有在真正需要的时候才会快速成长，就好像我们身边有很多商品，有的人需要而有的人不需要，不是真正需要的时候，我们可以把它们放在一边不管，等需要的时候再去关注。

我们需要把时间花在有价值的人、有价值的事情上。当你觉醒之后，就会发现所有的成长路径都应指向未来。

如果你能在生活中做到一些原来想做但没有做到的事情，就说明你成长了。你会明白一个道理：人的精神世界所能想象的，就有可能在物质世界发现。你考虑问题要长远，不应仅考虑三五年之后的事，而是要考虑很久很久以后的事，也就是说不应只关注当下。

就像建一栋楼，从开始规划到建成，再到人们进入里面工作或生活，这不是一下子就能实现的，每一步都有清晰、明确的规划。你要做的事情越大，需要的资源越丰富，需要调动的人力越多，一般还有极其细致的规划指南。要是你的目标不明确，就没有人能帮你。

如果有人问你："你要做一件什么事情？"你会怎么回答？你知道还是不知道呢？有些人会回答不知道。你应该有一个明确的目标，这个目标包括现在的，也包括以后的。这样当任何人在任何时候问"你的规划是什么？"时，你都能快速回答："我有一个具体、长远的规划，我要为之奋斗，已经画好蓝图并且在奋斗的路上。"

你也可以问问自己：最近在忙什么？如果你在忙的事情

是阶段性的，可能是短期的，长期来看不做也没什么，那么"忙"可能是"盲"，因为不知道在忙什么。如果你一直向着长期目标努力，比如"我要在某天前赚一亿元，今天的目标是努力赚到xx元"，就是真的在"忙"，为长期目标而忙。有时候，你知道自己在忙什么，但最后指向哪个目标不是很确定，就说明你还没有明确的目标。

每个人最好有一些事情愿意去做一辈子。不需要太多，可以从一两件事起步，即开始有一两件事愿意做一两年，继续做三四年，甚至做10年、20年，慢慢找到第三件事、第四件事……一件事做好了，其他事也可以做好。

我们不要追求在单位时间内取得多少成果，而是应注重培养在单位时间内做事的能力，因为能力可以伴随我们一生。比如赚钱的能力，赚到过钱的人都知道赚钱不容易。如果你赚到过钱，就有赚钱的能力，就能一次又一次地赚到钱。回想一下你的赚钱经历，刚开始工作的时候赚多少钱？

当一个人一个月赚2000元的时候，会觉得一个月能赚5000元就好了；等他真的赚到5000元时，就会觉得还是不够花；于是，他努力工作，努力成长，赚到了10 000元，当时感觉很不错，但过一段时间又会觉得不够花……

随着自身的成长，我们会获得更多的认知，拓展认知也需要花钱。比如买书,当你月薪2000元的时候,一本书需要30元,你可能就觉得有点贵,于是去图书馆看书;当你月薪5000元的时候,觉得书还是有点贵,就可以买一些自己会重复看的书,其他的书还可以在图书馆看;等你收入再高一些,就可能感觉书不贵,买书的成本很低,每个月都会花钱买书。这属于尽己所能地利用现有资源。

这里给大家布置一项作业:站在3年(也可以是5年、10年,甚至更长时间)后的今天,写下你这3年做成了什么事情,需要用已经完成的状态来写。如果你不知道怎么写,那么可以回想一下过去3年的变化。过去3年发生了什么,做成了什么?从过去迁移到未来。

时间会让我们增值,但不会无缘无故地增值,前提是我们必须做一些事情。如果我们什么都不做,那么只会徒增岁月,看着时间流逝,年老后大概率会后悔年轻时没有拼尽全力。